Leben.Lieben.Arbeiten **SYSTEMISCH BERATEN**

Herausgegeben von
Jochen Schweitzer und
Arist von Schlippe

Bettina Klenke-Lüders

Kinderwunsch und Wirklichkeit

Systemisch begleiten

Mit einer Tabelle

Vandenhoeck & Ruprecht

Bibliografische Information der Deutschen Nationalbibliothek:
Die Deutsche Nationalbibliothek verzeichnet diese Publikation in der
Deutschen Nationalbibliografie; detaillierte bibliografische Daten sind
im Internet über https://dnb.de abrufbar.

© 2022 Vandenhoeck & Ruprecht, Theaterstraße 13, D-37073 Göttingen,
ein Imprint der Brill-Gruppe
(Koninklijke Brill NV, Leiden, Niederlande; Brill USA Inc., Boston MA, USA;
Brill Asia Pte Ltd, Singapore; Brill Deutschland GmbH, Paderborn, Deutschland;
Brill Österreich GmbH, Wien, Österreich)
Koninklijke Brill NV umfasst die Imprints Brill, Brill Nijhoff, Brill Hotei,
Brill Schöningh, Brill Fink, Brill mentis, Vandenhoeck & Ruprecht, Böhlau, Verlag
Antike und V&R unipress.

Alle Rechte vorbehalten. Das Werk und seine Teile sind urheberrechtlich
geschützt. Jede Verwertung in anderen als den gesetzlich zugelassenen Fällen
bedarf der vorherigen schriftlichen Einwilligung des Verlages.

Umschlagabbildung: André Straub/heimatlichter.com

Satz: SchwabScantechnik, Göttingen
Druck und Bindung: ⊕ Hubert & Co. BuchPartner, Göttingen
Printed in the EU

Vandenhoeck & Ruprecht Verlage | www.vandenhoeck-ruprecht-verlage.com

ISSN 2625-6088
ISBN 978-3-525-40791-2

Inhalt

Zu dieser Buchreihe 7
Vorwort 9
Einführung 14

I Der Kontext
1.1 Der unerfüllte Kinderwunsch als Wendepunkt in der
    Biografie 20
1.2 Das Nicht-Ereignis und die Trauer 25
1.3 Das Wunschkind als Systemmitglied 29
● Erste Fallgeschichte: Lena – Kinderwunsch und Karriere 34
1.4 Die Kinderwunschspirale und das System
    Reproduktionsmedizin 39
1.5 Ungewollte Kinderlosigkeit und Beratung 44
1.6 Wenn das Private politisch wird 50

II Die systemische Beratung
2.1 Ambivalenz in der Kinderwunschzeit 58
● Zweite Fallgeschichte: Hanna und Stephan – Einseitiger
  Kinderwunsch und Paardynamik 61
2.2 Das Innere Kind zwischen Parentifizierung und Individuation 67
2.3 Die Sehnsucht als Fingerzeig für das Leben im Augenblick ... 71
● Dritte Fallgeschichte: Ehepaar Weiß – Kinderwunsch und
  Adoption 74
2.4 Anonymität und Tabu im Rahmen der Gametenspende 80
2.5 Perspektivenwechsel Wunschkind 85

- Vierte Fallgeschichte: Anna & Gülan – Kinderwunsch und Konkurrenz 89
2.6 Kinderwunsch als System 93

III Am Ende

Fazit 100
Literatur 105
Nützliche Informationen und Links 108
Die Autorin 110

Zu dieser Buchreihe

Die Reihe »Leben. Lieben. Arbeiten: systemisch beraten« befasst sich mit Herausforderungen menschlicher Existenz und deren Bewältigung. In ihr geht es um Themen, an denen Menschen wachsen oder zerbrechen, zueinanderfinden oder sich entzweien und bei denen Menschen sich gegenseitig unterstützen oder einander das Leben schwermachen können. Manche dieser Herausforderungen (Leben.) haben mit unserer biologischen Existenz, unserem gelebten Leben zu tun, mit Geburt und Tod, Krankheit und Gesundheit, Schicksal und Lebensführung. Andere (Lieben.) betreffen unsere intimen Beziehungen, deren Anfang und deren Ende, Liebe und Hass, Fürsorge und Vernachlässigung, Bindung und Freiheit. Wiederum andere Herausforderungen (Arbeiten.) behandeln planvolle Tätigkeiten, zumeist in Organisationen, wo es um Erwerbsarbeit und ehrenamtliche Arbeit geht, um Struktur und Chaos, um Aufstieg und Abstieg, um Freud und Leid menschlicher Zusammenarbeit in ihren vielen Facetten.

Die Bände dieser Reihe beleuchten anschaulich und kompakt derartige ausgewählte Kontexte, in denen systemische Praxis hilfreich ist. Sie richten sich an Personen, die in ihrer Beratungstätigkeit mit jeweils spezifischen Herausforderungen konfrontiert sind, können aber auch für Betroffene hilfreich sein. Sie bieten Mittel zum Verständnis von Kontexten und geben Werkzeuge zu deren Bearbeitung an die Hand. Sie sind knapp, klar und gut verständlich geschrieben, allgemeine Überlegungen werden mit konkreten Fallbeispielen veranschaulicht und mögliche Wege »vom Problem zu Lösungen« werden skizziert. Auf unter 100 Buchseiten, mit etwas Glück an einem langen Abend oder einem kurzen Wochenende zu lesen, bieten sie zu dem jeweiligen lebensweltlichen Thema einen schnellen Überblick.

Die Buchreihe schließt an unsere Lehrbücher der systemischen Therapie und Beratung an. Unsere Bücher zum systemischen Grundlagenwissen (1996/2012) und zum störungsspezifischen Wissen (2006) fanden und finden weiterhin einen großen Leserkreis. Die aktuelle Reihe erkundet nun das kontextspezifische Wissen der systemischen Beratung. Es passt zu der unendlichen Vielfalt möglicher Kontexte, in denen sich »Leben. Lieben. Arbeiten« vollzieht, dass hier praxisbezogene kritische Analysen gesellschaftlicher Rahmenbedingungen ebenso willkommen sind wie Anregungen für individuelle und für kollektive Lösungswege. Um klinisch relevante Störungen, um systemische Theoriekonzepte und um spezifische beraterische Techniken geht es in diesen Bänden (nur) insoweit, als sie zum Verständnis und zur Bearbeitung der jeweiligen Herausforderungen bedeutsam sind.

Wir laden Sie als Leserin und Leser ein, uns bei diesen Exkursionen zu begleiten.

Jochen Schweitzer und Arist von Schlippe

Vorwort

Wofür bekommen Menschen Kinder? Historisch scheint diese Frage nicht schon immer gestellt worden zu sein. Kinder zu zeugen, auszutragen, zu gebären und sie dann mit unterschiedlich großem Engagement in ihr Leben zu begleiten, ist über viele Jahrhunderte eine unhinterfragte und un-hinterfragbare Praxis gewesen. Erst die Moderne mit einer kinderunabhängigen wirtschaftlichen Alterssicherung durch Rentensysteme, später dann seit den Jahren 1964–1968 mit der breiten Verfügbarkeit von empfängnisverhütenden Mitteln, hat dies geändert, hat Kinder zu bekommen zu einer abwählbaren Wahlmöglichkeit gemacht.

Offensichtlich wird in den meisten reichen Industrieländern seit 1968 die Frage nach dem „Wofür Kinder?" sehr häufig mit „Wir brauchen keine Kinder!" beantwortet. Denn die Zahl der Geburten pro Frau liegt in diesen Ländern meist zwischen 1 und 2 Kindern, ist also unter den Wert von 2,0 gesunken, bei dem eine Gesellschaft sich auf konstantem Niveau biologisch reproduziert. Anders ist die Lage in den meisten ärmeren Ländern der Welt, in denen Kinder für die Alterssicherung ihrer Eltern eingeplant sind und in denen der Zugang zur Empfängnisverhütung schwieriger ist. Dort werden deutlich mehr als zwei Kinder pro Frau geboren. Diese beiden gegenläufigen Entwicklungen vernetzen sich im Phänomen der internationalen Migration: Menschen aus geburtenreichen, aber ökonomisch armen Ländern wandern aus in geburtenschwache, aber ökonomisch reiche Länder. Und sie sorgen dort für einigermaßen ausgeglichene demographische Verhältnisse, also für ähnlich viele junge wie alte Menschen und für genügend „Nachschub" sowohl bei den Arbeitskräften wie beim inländischen Konsum.

Damit könnte eigentlich alles gut sein. Ist es aber nicht. Zum einen fehlt es den fremdenfeindlichen Bevölkerungsgruppen in den reichen Industrieländern an der Wahrnehmung, dass auch sie ihren hohen Lebensstandard u. a. in Gastronomie, Landwirtschaft und Pflege vorwiegend jungen Migranten verdanken. Zum anderen driften in geburtenschwachen, aber ökonomisch reichen Ländern die biologische und die sozial-ökonomische Entwicklung (oder anders gesagt: das biologische und das soziale Alter) von Frauen und Männern im zeugungs- und gebärfähigen Alter zunehmend auseinander. Die Autorin dieses Buches beschreibt das im Kapitel „Wenn das Private politisch wird": „Biografisch gesehen, liegen die fruchtbarsten Jahre der Frau zwischen 20 und 25 Jahren ... Insgesamt bis zum dreißigsten Lebensjahr haben Frauen gute Aussichten, schwanger zu werden, danach sinkt die Chance, zunächst schrittweise, nach Beendigung des 38 Lebensjahres allerdings bereits rapide. Durchschnittlich mit 41 Jahren endet die natürliche Fruchtbarkeit der Frau ... Die steigende Lebenserwartung verändert den Lebenszyklus, das „fruchtbare Fenster" aber verändert sich trotz aller medizinischen Fortschritte nicht." Und im Kapitel „Ungewollte Kinderlosigkeit und Beratung" schreibt sie: „In den Industrieländern sind Frauen heutzutage älter als 30 Jahre, wenn sie ihr erstes Kind zur Welt bringen. Zum Vergleich: in den 1970er Jahren waren Erstgebärende im Schnitt zwischen 24 und 26 Jahren alt.

Diese Entwicklung verschärft ein Problem, das es schon immer gab, aber nicht im selben Ausmaß wie heute: den „unerfüllten Kinderwunsch". Frauen werden in einem zu nehmend ungünstigen (hohen) Alter Mutter – und immer häufiger wollen sie Mutter werden, werden es aber aus biologischen Gründen nicht. Für dieses Problem hat die Moderne Medizin eine Lösung entwickelt: die „assistierte Reproduktion" oder „Reproduktionsmedizin". Diese lindert das Problem, löst es aber maximal zu 50 %, weil viele reproduktionsmedizinische Versuche fehlschlagen. Vieles spricht insofern dafür, dass es in den Industrieländern bestenfalls halb so viel Reproduktionsmedizin gäbe, wenn Frauen und auch Männer früher Eltern würden.

Zur Reproduktionsmedizin als einem Teilgebiet der Frauenheilkunde hat sich die psychosoziale Kinderwunschberatung als ergänzende „Psycho-Disziplin" entwickelt. Dieses Buch stellt eine außerordentlich differenzierte Einführung in die individualpsychologischen, paar- und familiendynamischen, sozialen und sozialökonomischen Aspekte des unerfüllten Kinderwunsches dar. Eine Besonderheit des Buches ist es, „das Wunschkind als Systemmitglied" zu benennen und zu verstehen: auch ein Kind, das nicht auf die Welt kommt, obwohl es dort erwartet wird, ist psychologisch bereits zum Familienmitglied geworden. Auch ein „Nicht-Ereignis" wie eine Schwangerschaft, die gar nicht zustande kam, kann große Trauer auslösen. Auch ein unerfüllter Wunsch wie der, ein Kind zur Welt zu bringen, kann zum Wendepunkt in einer Biografie werden. Diese Sichtweise hilft Trauer und Verzweiflung über eine Nicht-Schwangerschaft leichter zu verstehen und zu akzeptieren.

Das Buch schildert ein breites, kreatives, originelles, maßgeschneidertes Spektrum unterstützender Beratungspraktiken und beschreibt diese sehr anschaulich. Mit den vier Fallgeschichten wird es auch für Menschen, die selbst eine Kinderwunsch-Beratung suchen, zu einer wertvollen Ressource. Die Pharmareferentin Lena muss ein Schwangerschafts-Hindernis in Form des eingeschränkten Spermiogramms ihres 10 Jahre älteren Partners akzeptieren. Ihr hilft die Selbstmitgefühlsfrage: „Wenn ich es gut mit mir meine, was würde ich jetzt tun?". Die sich ein Kind sehnlich wünschende Hanna verbindet sich ständig mit Partnern, die ihren Kinderwunsch nicht teilen; dies zu erkennen und die Absage des derzeitigen Partners an den Kinderwunsch wahrzunehmen, zu akzeptieren, und sich dann mit wenig Groll und Hader von ihm zu trennen, ist hier die bestmögliche Lösung. Das Ehepaar Weiß entscheidet sich nach vielen gescheiterten Fertilisierungs-Versuchen, nach sorgfältiger Klärung der eigenen Motivlagen schließlich für eine Adoption. Anna und Gülan, zwei Frauen aus zwei verschiedenen Herkunfts-Kulturen, die beide ihr lesbisches Coming-Out erfolgreich hinter sich gebracht haben, ringen darum, wer von ihnen beiden das Austragen einer donogenen Insemination mit vielen Hindernissen übernehmen und durchstehen darf.

Dem Buch kommt zugute, dass die Autorin von ihrer Grundausbildung her Politologin ist, die sich zugleich durch Weiterbildung und lange Beratungs-Praxis ein breites Gerüst paar- und familiendynamischer Konzepte und Methoden angeeignet und diese tief durchdrungen hat. So thematisiert sie vieles, an das die Leserin oder der Leser nicht sofort gedacht hat: die unerfüllten Erwartungen der Noch-Nicht-Großeltern; die Stigmatisierungserfahrungen von Menschen in alternativen Familienformen; die Parentifizierungen, Belastungen und Ressourcen potentieller Eltern durch eine eigene unglückliche Kindheit mit unzureichend unterstützenden Eltern; die Sehnsüchte, die enttäuscht und daher früher oder später verabschiedet werden müssen.

Eine Frage würde ich der Autorin am Ende dieses Vorwortes gerne noch stellen. Sie schreibt in ihrer Einführung: „In Deutschland wünscht sich rund ein Viertel der kinderlosen Frauen und Männer zwischen zwanzig und fünfzig ein Kind (…) In absoluten Zahlen bedeutet dies: 1,4 Millionen Menschen wünschen sich sehnlich ein Kind, doch es klappt nicht".

Demnach wünschen sich Dreiviertel der Kinderlosen, in absoluten Zahlen 4,2 Millionen Frauen und Männer zwischen zwanzig und fünfzig Jahren kein Kind! Wie schaffen die das? Wie unterscheiden diese gewollt Kinderlosen sich in ihren Sehnsüchten, Beziehungen und Lebenslagen von jenen, die an der Kinderlosigkeit leiden? Würden sich aus solchen Erkenntnissen auch nützliche Hinweise für die psychosoziale Kinderwunschberatung ergeben? Alle anderen Fragen zum Thema hat mir das Buch bereits beantwortet.

Jochen Schweitzer

Einführung

Ungewollte Kinderlosigkeit führt zu einer tiefgreifenden Veränderung des Alltags. Es fühlt sich an wie eine Achterbahnfahrt der Gefühle im vier Wochentakt. In Deutschland wünscht sich rund ein Viertel der kinderlosen Frauen und Männer im Alter zwischen zwanzig und fünfzig Jahren ein Kind – und dies teilweise schon seit Jahren. Jedes sechste bis siebte Paar hat Schwierigkeiten ohne ärztliche Unterstützung schwanger zu werden. In absoluten Zahlen bedeutet dies: 1,4 Millionen Menschen wünschen sich sehnlich ein Kind, doch es klappt nicht. Viele Menschen stürzen dann in eine Krise. Sie ringen mit einer ambivalenten Gefühlswelt aus Hoffnung und Sehnsucht auf der einen Seite und Verzweiflung und Trauer auf der anderen Seite.

Die Angst vielleicht niemals Mutter oder Vater werden zu können, wird häufig als ein massiver Kontrollverlust erlebt, individuell und im gemeinsamen Erleben als Paar. Bisher unbekannte und heftige Neidgefühle auf andere schwangere Frauen, Wut über das Versagen des eigenen Körpers und Angst vor der ungewissen Zukunft sind dabei die schwierige emotionale Gemengelage, mit denen ungewollt kinderlose Menschen kämpfen. Und dies häufig im Stillen, denn die ungewollte Kinderlosigkeit ist schambesetzt, gesellschaftlich mit vielen Vorurteilen und Fehlinformationen behaftet – das Thema ungewollte Kinderlosigkeit ist ein Tabu.

Wenn das Natürlichste der Welt nicht so einfach klappen mag, löst dies Ohnmacht aus und verändert das Leben von Grund auf. In der systemischen Beratung und Familientherapie können wir diese in ihren Grundfesten erschütterten Menschen ressourcenorientiert begleiten und stabilisieren. Eine systemische und mitunter auch transgenerative Gesamtperspektive ermöglicht neue Betrachtungsweisen: Einen Kinderwunsch hat niemand für sich allein. Die Familienplanung ist beeinflusst durch das soziale Umfeld, biografische Erlebnisse und während der eigenen Kindheit und Jugend verinnerlichten Werte. Streckenweise führt die Vorstellung eines idealen Familienlebens dann auch über alte Verletzungen und biografische Wunden. So birgt der Kinderwunschweg das Potential für ein tieferes Verständnis der eigenen Vergangenheit und ermöglicht gleichzeitig auch Veränderungsprozesse in der aktuellen Lebensgestaltung.

Der Wunsch nach einem Kind ist ein privates, sehr persönliches und auch intimes Thema. Diese Sehnsucht macht nicht Halt vor einer Geschlechtsidentität oder Konstellation der Partnerschaft, sodass ich auf eine gendersensible Sprache geachtet habe. Falls eine neutrale Form nicht möglich war, mögen sich bitte alle mitgemeint fühlen.

Jede Sehnsucht ist von Anfang an bezogen auf das Ersehnte. Das imaginierte und erwünschte Kind ist Teil eines Systems der Hoffenden; selbst wenn es noch nicht in die Welt geboren ist und seinen tatsächlichen Platz beansprucht, hat es bereits Raum eingenommen. So ist auch verständlich, warum die Trauer um ein bisher ungeborenes Kind so real ist, sich ganz so wie die Trauer um den Verlust eines geliebten Menschen anfühlen kann. Diese Trauer aber bleibt in vielen Fällen unbemerkt vom sozialen Umfeld, da ungewollt kinderlose Menschen häufig aus Scham und Angst vor Stigmatisierung über ihr Leid schweigen. Bleibt aber die ersehnte Schwangerschaft aus, und ist dies nach einem Jahr noch immer so, obwohl das Paar regelmäßig und ungeschützt miteinander schläft, definiert die Weltgesundheitsorganisation (WHO) die ungewollte Kinderlosigkeit als Krankheit. Dabei ist es nicht entscheidend, ob tatsächlich eine medizinische Diagnose vorliegt oder eine sogenannte idiopathische Sterilität attestiert wird, also auch nach eingehender medizinischer Abklärung weder bei der Frau noch bei dem Mann eine medizinische Ursache für die ungewollte Kinderlosigkeit gefunden werden kann.

Die Diagnose Unfruchtbarkeit verunsichert Frauen und Männer gleichermaßen in ihrem Kern, dies unabhängig von der Frage, ob sie eine medizinische Erklärung in den Händen halten oder nicht. Krank sind viele Menschen mit unerfülltem Kinderwunsch in einem chronischen Sinne bis dato noch nie gewesen und eine solche Kategorisierung als Krankheit in einem sensiblen Bereich, der auch die Sexualität tangiert, ist fatal. Insbesondere Männer setzen Fruchtbarkeit noch immer mit Potenz gleich, sodass ihr Selbstwert durch die ungewollte Kinderlosigkeit häufig mit großer Wucht getroffen wird, egal ob sie ein eingeschränktes Spermiogramm in den Händen halten, gänzlich steril sind oder keine medizinische Ursache gefunden werden kann. Gerade noch gesund, nun, ohne sich so zu fühlen, krank, seiner Intimsphäre beraubt und der Scham ausgeliefert, vielleicht kein ganzer Kerl zu sein. Frauen finden das Äquivalent dieser quälenden Gedanken in der Frage, ob sie überhaupt eine Frau sind, wenn sie keine Kinder bekommen können. Diese Gefühle entfalten eine Wucht, die den Selbstwert eines Menschen erschüttern können.

Traum und Trauma liegen beim Thema Kinderwunsch nah beieinander. Wann ist der Zeitpunkt gekommen, sich von dem Traum zu lösen, damit dieser nicht zum Albtraum wird? Wie weit einen solchen Weg gehen? Und wie kann es gelingen, von Anfang an die Perspektive und die Rechte des Wunschkindes zu achten und miteinzubeziehen? Dieser transgenerative Ansatz der spezifisch systemisch ausgerichteten Kinderwunschberatung eröffnet immer wieder neue Sichtweisen und trägt zu einer Familienbildung bei, die von Anfang an auf einem sicheren Fundament steht.

Das Thema entfaltet zusätzlich eine politische Dimension angesichts der reproduktionsmedizinischen Möglichkeiten und rechtlichen Vorgaben. Als Beratungsfachkraft auch eine eigene Haltung angesichts der vielfältigen auch teils ethisch kontrovers diskutierten Möglichkeiten zu finden und zu kommunizieren, wird den Coaching-Prozess beeinflussen. Die Entwicklung eines solch eigenen Standpunktes angesichts komplexer Fragestellungen bedeutet letztlich Modell zu sein für die ungewollt kinderlosen Paare, die ebenfalls herausgefordert sind, belastbare Entscheidungen zu treffen im Hinblick auf ein stabiles künftiges Zusammenleben mit dem geplanten Kind. Das lapidare Kinder machen haben wir trotz aller hochtechnisierten medizinischen Möglichkeiten nicht in der Hand, sich mit den eigenen Werten für ein gelingendes Leben zu beschäftigen und unser Leben aktiv zu gestalten hingegen schon. Davon erzählt dieses Buch in anonymisierten Motiven und Fallgeschichten aus der beraterischen Praxis. So kann es gelingen, die Sehnsucht nach einem Kind prozesshaft als Fingerzeig zu verstehen und in eine lebenswerte Gestaltung des Alltags zu wandeln: Ein Kind ist nicht zu ersetzen, aber auch ohne Kind kann ein glückliches Leben gelingen.

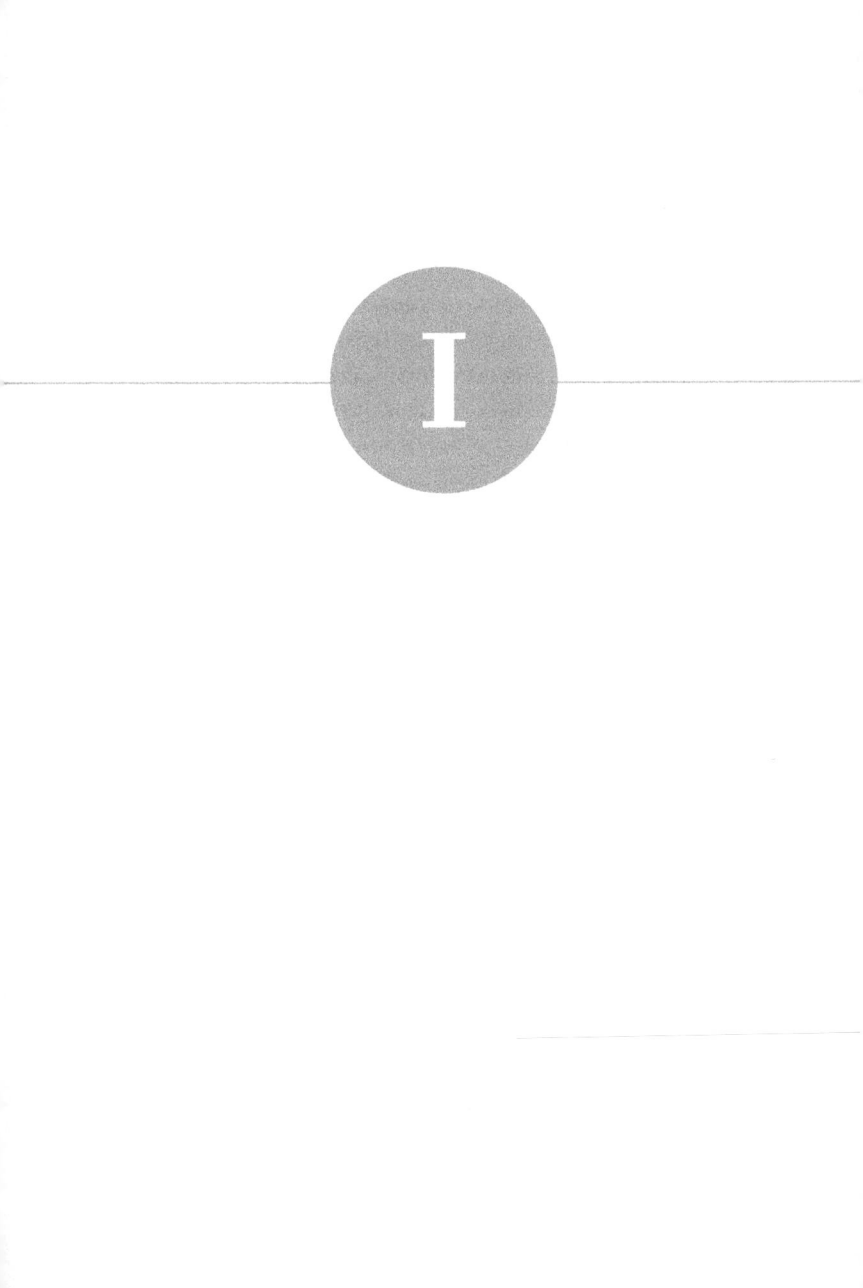

Der Kontext

1.1 Der unerfüllte Kinderwunsch als Wendepunkt in der Biografie

Eine Krise fordert zu Veränderungen heraus, denn neue Situationen verlangen nach neuen Lösungen. Neurobiologisch gesehen, ist dieser Zusammenhang gut erforscht: Herausfordernde Situationen verändern unser Gehirn. Kompetenzen und Ressourcen, die wir in einer Krise erwerben, stehen uns also auch später im Leben zur Verfügung. Wer mittendrin steckt, kann dies häufig schwer oder zumindest nur schemenhaft erkennen. Perspektivisch gesehen aber, birgt der Kinderwunschweg das Potential für ein tieferes Verständnis der eigenen Biografie, für persönliche und seelische Weiterentwicklung. Einen solchen Wachstumsprozess zu begleiten, macht den Reiz der systemisch orientierten Kinderwunschberatung aus.

Die Erfahrung eines unerfüllten Kinderwunsches – vergeblich Monat für Monat auf ein Kind zu hoffen – bedeutet eine Zäsur in all der propagierten Selbstwirksamkeit der heutigen Zeit. »Du musst dich nur genug anstrengen, dann kannst Du alles erreichen …!« Beim Thema Kinderkriegen gilt dies nicht! Das Nicht-Ereignis, das ein unerfüllter Kinderwunsch darstellt, ist häufig ein biografischer Wendepunkt. Die auf diese Weise ausgelöste Ohnmacht als ein existenzielles Gefühl des Kontrollverlustes bedeutet eine heftige Erschütterung in der Biografie. Das Leben zerfällt in ein Davor und ein Danach.

Der Kinderwunsch muss nicht analysiert und hinterfragt werden! Im Gegenteil ist dieser Wunsch nach Elternschaft menschlich, allem voran ein biologisches Programm, und schlicht und ergreifend legitim! In der Begleitung von ungewollt kinderlosen Menschen wirkt diese übergeordnete Grundannahme befreiend und dient auch als eine Art Kompass auf verschlungenen und häufig langen Pfaden. Denn wenn es mit dem Nachwuchs nicht so einfach klappen mag, dann verunsichert dies Frauen und Männer gleichermaßen und reflexhaft wird auch durch das soziale Umfeld der berufliche und private Stress für diese Situation verantwortlich gemacht. Die meisten Ratschläge haben Menschen, die sich vergebens ein Kind wünschen, dann auch bereits gehört. Bei der professionellen Begleitung von Frauen und Paaren ist es also unerlässlich weitere solche Schläge zu vermeiden. Gläubige Menschen beginnen manchmal zu hadern und fragen sich, ob die Kinderlosigkeit eine Strafe sein könnte, sie vielleicht schuldig geworden seien. Solche sich in vielfältige Gewänder kleidende und allesamt schwächende Glaubenssätze ausfindig zu machen, ihnen Gehör zu verschaffen, sie zu hinterfragen und zu beruhigen, dies ist das Handwerk in der systemisch ausgerichteten Kinderwunschberatung. Ein unerfüllter Kinderwunsch, begleitet von zyklisch wiederkehrender Hoffnung und Enttäuschung, ist individuell und als Paar sehr anstrengend und unterliegt systemischen Gemeinsamkeiten. Menschen während dieser Lebenskrise zu begleiten, bedeutet also, beide Ebenen – die persönliche und systemische – einzubeziehen und sie auch als Erweiterung des Möglichkeitsraumes zu betrachten. Konkret heißt dies, das Gedankenkarussell aus Zweifeln und Sorgen zu beruhigen und die Ressourcen der ratsuchenden Menschen aktiv in den Blick zu nehmen, sodass sie wieder Kraft für ihren beschwerten Alltag schöpfen können. Dabei wird es perspektivisch auch um das Erkennen von Grenzen gehen, dies auch in dem Wissen um das potentiell traumatische Ausmaß eines Kinderwunsches. Die einfache Gleichung: Unerfüllter Kinderwunsch gleich Trauma greift allerdings zu kurz. Ein und dasselbe Erlebnis kann von zwei Menschen unterschiedlich wahrgenommen und bewertet werden. In diesem Sinne ist auch die ungewollte Kinderlosigkeit ein individuelles Lebensereignis, das eben auch mit traumatischen Erfahrungen verbunden sein kann.

Einem Kinderwunsch ist das geplante Dritte immanent, das zukünftige Kind. Es geht also gleichermaßen um die Bedürfnisse der Wunscheltern und die des Wunschkindes. Diese systemische Bezogenheit können wir in einem gleichberechtigten Miteinander von Wunscheltern und Wunschkind anbieten und dezidiert nicht als einen Abwägungsprozess zwischen diesen! Wie sollten auch die Rechte der Wunscheltern tatsächlich gegen die des Wunschkindes aufgewogen werden, ohne sprichwörtlich Gefahr zu laufen, das Kind mit dem Bade auszuschütten? Bei allen theoretischen Überlegungen über Gesetz, Recht und Ethik darf auf keinen Fall das Wichtigste übersehen werden: Eltern möchten in aller Regel nur das Beste für ihr Kind. So lange darauf zu warten, schwanger zu werden und eine Familie zu gründen, ist ein schmerzvoller Lebensabschnitt. Einen Perspektivenwechsel zu wagen, die Sicht des geplanten Kindes miteinzubeziehen und zu würdigen, kann phasenweise schwerfallen, schließlich ist ein Kinderwunschweg auch ohne eine solche Auseinandersetzung komplex und anstrengend genug – und dies für Körper, Geist und Seele. Eine sensible Begleitung angesichts der vielfältigen und vielschichtigen Fragen, auch im Hinblick auf eine Adoption oder im Rahmen der Familienbildung mit Hilfe einer Gametenspende, also einer Samen-, bzw. Eizellspende oder einer Embryonenspende/-adoption, unterstützt die Wunscheltern jedoch darin, die Konsequenzen des eigenen Tuns auch aus der Sicht des geplanten Kindes abzuwägen. Alle Interessen werden auf diese Weise berücksichtigt und die Familienplanung steht von Beginn an auf einem soliden und stabilen Fundament.

So persönlich das Thema Familienplanung ist, jede Zeugung eines Kindes ist auch gesellschaftspolitisch gerahmt und rechtlich abgesichert. Das Grundrecht auf Schutz der Familie beginnt bei der Fortpflanzung als Voraussetzung für die Familienbildung. Das Recht über die eigene Fortpflanzung zu bestimmen ist verfassungsrechtlich durch das allgemeine Persönlichkeitsrecht abgedeckt. Auf Seiten des Kindes gilt natürlich ebenso die Garantie der unantastbaren Menschenwürde sowie der Schutz seiner individuellen Persönlichkeits- und expliziten Kinderrechte. Ein Meilenstein dieser Entwicklung war die Verabschiedung der UN-Kinderrechtskonvention im Jahr 1989. In Artikel 7 findet sich das Schutzrecht des Kindes auf Kenntnis seiner Abstammung und seiner Herkunft. Im Rahmen des Kindeswohls verdeutlicht dies den Stellenwert der Aufklärung des Kindes über seine genetische Abstammung und Herkunft. Allerdings fehlt bis dato die Aufnahme der Kinderrechte in das Grundgesetz, sodass eine solche gesetzliche Stärkung eine notwendige Aufgabe bleibt, um die Rahmenbedingungen für den Kinderschutz insgesamt und auch gleich zu Beginn des Lebens zu garantieren. Die Stärke der systemischen Betrachtungsweise der ungewollten Kinderlosigkeit liegt dann in der Anerkennung und bewussten Einbeziehung des rechtlichen und gesellschaftlichen Kontexts. Die individuellen Wünsche und Vorstellungen der Wunscheltern anzuerkennen und dabei gleichzeitig die Interessen des geplanten Kindes nicht aus dem Blick zu verlieren, sie auch advokatorisch zu vertreten, dies ist das Spannungsfeld, in der sich die Beratung bei ungewollter Kinderlosigkeit entfaltet. So oszilliert die Begleitung von Menschen auf ihrem Kinderwunschweg also zwischen zwei Polen: Auf der einen Seite geht es um private Abwägungs- und Entscheidungsprozesse und auf der anderen Seite beeinflusst die öffentliche Dimension – mit all ihren medizinischen, ethischen, politischen und rechtlichen Implikationen der Familienbildung – die private Ebene. Der intime Raum wird ein Stück weit öffentlich.

Eindimensionale Antworten sind in Zukunft gerade auch vor dem Hintergrund der rasanten Entwicklung der reproduktionsmedizinischen Möglichkeiten nicht zu erwarten. Die Eizellspende, wie sie heute auch in anonymer Form in einigen europäischen Nachbarländern, zum Beispiel in Tschechien, Griechenland oder Spanien legal praktiziert wird, ist in Deutschland verboten. Das Argument: Eine geteilte Mutterschaft solle vermieden werden. Dies könnte sich aber perspektivisch mit der dringend notwendigen Reform des in die Jahre gekommenen Embryonenschutzgesetzes von 1990 ändern. Fakt ist: In einer globalisierten Welt sind Ländergrenzen heutzutage kein Hindernis. Für immer mehr Paare verwirklicht sich der Traum vom Kind durch eine anonyme Eizellspende im Ausland. Auf diese Weise gezeugte Kinder leben also bereits mit ihren Familien in Deutschland. Sie werden später keinerlei Informationen über die Eizellspenderin, diesen Teil ihrer genetischen Herkunft, erhalten können. Diese Praxis steht im offenen Widerspruch zum Recht des Kindes auf Kenntnis seiner Abstammung. Doch die genetische Spenderin wird jenseits aller juristischen Fragen und selbst in ihrer faktischen Abwesenheit einen Einfluss auf das Kind und somit auf das Zusammenleben in der Wunschfamilie ausüben. Ein Tabu, das sich aus einer solchen Konstellation entwickeln kann, wiegt häufig viel schwerer als die frühzeitige und altersgerechte Aufklärung des Kindes über die Art der Familienbildung. Wenn die frühzeitige Aufklärung des Kindes gelingt, wirkt diese Offenheit selbst im Rahmen einer anonymen Eizellspende stabilisierend für das Familiensystem. Der Themenbereich der Familienbildung mit Hilfe Dritter hat also das Potential, die Existenz einer Normfamilie weiter zu dekonstruieren. Dies bedeutet aber eben auch die Kategorie der Planbarkeit im Rahmen einer Gametenspende als substantiellen Unterschied zu einer Adoptiv- oder Pflegefamilie anzuerkennen. Wenn sorgende soziale Eltern für ein Kind benötigt werden, dann geht es immer darum die bestmögliche Lösung für das Kind in einer schwierigen Ausgangslage zu finden. Keine Frage, bei diesen Abwägungsprozessen ist das Kindeswohl von elementarer Bedeutung. Bei den geplanten Formen der Familienbildung muss diese

Messlatte genauso hoch hängen, denn auch die Rechte des geplanten Kindes sind keineswegs die Privatangelegenheit von Wuscheltern. Im Gegenteil verpflichtet insbesondere die Kategorie der Planbarkeit den Gesetzgeber zu einer sorgfältigen Interessenvertretung aller an der Familienbildung Beteiligten und eben auch des mit Hilfe Dritter geplanten und gezeugten Kindes. Die Autorin Millay Hyatt, die mit 32 Jahren erfährt, dass sie keine Kinder bekommen kann, trifft es in ihrer Analyse der ungewollten Kinderlosigkeit so eindrücklich auf den Punkt: »Sich einen Menschen wünschen. Darum geht es. Keine Puppe, die ich mit meinem Begehren füllen, in meinem Ebenbilde formen, über die ich verfügen kann. Sondern einen Menschen mit einer wie auch immer gearteten Entstehungsgeschichte, mit Würde, mit einer Identität, mit einer Zukunft, mit einer Herkunft, die höchstens zur Hälfte und manchmal gar nichts mit mir zu tun hat. Einem Menschen, dem ich die Welt eröffnen will, der mich aber auch in ganz neue Welten einführen wird. Jedes Kind, das auf die Welt kommt, ob gewünscht oder nicht oder ob im Reagenzglas oder im Eileiter gezeugt, ist ein solcher Mensch« (2012, S. 211).

1.2 Das Nicht-Ereignis und die Trauer

Systemisch betrachtet, spielt sich ein Kinderwunsch in der persönlichen Biografie eines Menschen zwischen Vergangenheit und Zukunft ab. Auf der Grundlage der Erfahrungswelt der eigenen Kindheit und Jugend verweist die Vision des geplanten Familienglücks in der Zukunft über die Gegenwart hinaus und offenbart in vielen Fällen eine tiefe Sehnsucht nach Frieden, Harmonie und Zusammengehörigkeit, durch die ein Kinderwunsch überhaupt erst eine derart existentielle Dimension entfalten kann. Dieser Schmerz darf sein. In der Kinderwunschberatung ist dafür Raum.

Ein Kind ist nicht zu ersetzen! Und auch das Wunschkind, das nicht geboren wird, darf betrauert werden. Diese Haltung können wir Menschen in einer spezifisch systemisch ausgerichteten Kinderwunschberatung anbieten und so einen Raum öffnen, um die Verlusterfahrungen im Zusammenhang mit der Familienplanung zu verarbeiten. Wunscheltern auch als verwaiste Eltern wahrzunehmen – und dies völlig unabhängig vom faktischen Eintreten oder dem Zeitpunkt des Verlustes einer Schwangerschaft – dies ist noch immer eine Herausforderung, die mit der Sensibilisierung der Ärzteschaft und den medizinischen Fachkräften in den Kinderwunschzentren beginnt und nicht an der Pforte der Geburtsklinik endet. Menschen, die diesen Erfahrungshorizont nicht teilen, können sich die Belastung nur schwer vorstellen: Wenn das ersehnte Wunschkind nicht geboren wird, kann sich dies für betroffene Wunscheltern wie ein Phantomschmerz anfühlen, ganz so als sei das Kind da und doch nicht anwesend. Wunscheltern müssen diese Lebenskrise allerdings anders als bei anderen Schicksalsschlägen in den meisten Fällen für sich allein und gemeinsam als Paar bewältigen, das soziale Umfeld ist nicht immer eingeweiht. Ein Umstand, der weitere Kräfte raubt und dazu führen kann sich weiter zurückzuziehen, in eine Zweisamkeit, die durch all den Kummer belastet ist und zu einer Einsamkeit zu zweit führen kann.

In der professionellen Kinderwunschberatung werden die damit verbundenen Gefühle der Verzweiflung anerkannt und in ihrem Schweregrad mit der Bewältigung einer Krebserkrankung verglichen. Gut ist es dann, Hilfe anzunehmen. Zuerst kommen die Frauen häufig allein in die Beratung, allerdings begleiten sie nach ein oder zwei Sitzungen oft ihre Partner. Die Gelassenheit in dieser Frage des Settings und die in der systemischen Beratung als Haltung angebotene Prozessorientierung wirkt entlastend. Die in der systemischen Gedankenwelt durchaus mechanische Vorstellung von Veränderungsprozessen nimmt das einzelne Systemmitglied ernst in seiner aktiven Verantwortung des Steuerns, entlastet es jedoch auch durch die Vorstellung der Autopoiesis (Luhmann, 1987). Dies bedeutet: Individuelle Veränderungen werden auch den Alltag des Paares beeinflussen. Wie jedoch die neuen Coping-Strategien persönlich oder innerhalb der Beziehung aufgenommen und verarbeitet werden, unterliegt einem Wechselspiel, das sich autopoietisch selbst organisiert.

Das geplante aber bisher nicht geborene Kind im Rahmen der systemischen Methoden einer Genogrammarbeit oder auf dem Familienbrett zu visualisieren, kann ein erster Beitrag in Richtung aktiver Trauerarbeit sein: Auch Schwangerschaftsverluste, Fehl- oder Totgeburten können einen festen Platz im Familiensystem einnehmen, indem sie als Lebensereignis mit einer Aufstellungsfigur aus Holz oder abstrakter mit einem Symbol, z. B. ein Edelstein, markiert werden. »Jetzt habe ich Zeugnis ablegen dürfen von all dem Schmerz der letzten Jahre. Nun ist mein nicht geborenes Wunschkind endlich sichtbar geworden«, so hat es nach der Arbeit mit dem Familienbrett eine Frau eindrücklich beschrieben. Sie ließ sich im weiteren Verlauf prozesshaft auf ein Leben ohne Kind ein. Das Familienbrett ist ein wirksames Werkzeug, um mit Figuren auf einfache und anschauliche Weise, die jeweils spezifische Form der Familienbildung, ihre dazugehörigen Beteiligten und die jeweiligen Beziehungsdynamiken zu visualisieren (Ludewig u. Wilken, 2000).

Verlust und Trauer benötigen Resonanz und die trauernden Wunscheltern ein Gegenüber, mit dem sie ihre schweren Erlebnisse um das Nicht-Ereignis teilen können – und dies so lange wie es in jedem individuellen Fall erforderlich ist. Das private Umfeld kann mit dieser Trauer überfordert sein, so wie unsere Gesellschaft insgesamt dazu neigt, Trauer abzuwehren. In einem Beratungsprozess können Wege gebahnt werden, diesen Gefühlen des Verlustes zu begegnen, sie auch körperlich zu spüren und schließlich zu wandeln. Doch reflexhaft ist der erste völlig nachvollziehbare Impuls im Umgang mit der Trauer, sie zu verneinen und ausblenden zu wollen. Durch das Nicht-Fühlen werden die Gefühle jedoch nicht kleiner – im Gegenteil. Der Kampf gegen die Trauer hat einen Preis. Diese Dynamik lässt sich in Anlehnung an die Akzeptanz- und Commitment-Therapie (ACT) gerade dadurch unterbrechen, indem die Abwehrhaltung beendet wird (Wengenroth, 2016). In der Praxis hat sich dabei die Metapher eines Wasserballs bewährt, die den Frauen und Paaren zur Verfügung gestellt werden kann, um ihren aussichtslosen Kampf gegen schwere Gefühle in der Kinderwunschzeit zu versinnbildlichen:

»Stellen Sie sich einen Wasserball vor, wie er da ruhig auf der glänzenden Wasseroberfläche liegt. Versuchen Sie nun in Gedanken den Ball herunter zu drücken. Schaffen Sie es? Nein? Dann strengen Sie sich noch mehr an … und noch ein bisschen mehr … Sie werden es bemerkt haben, der Wasserball kann – wenn überhaupt – nur zeitweise unter die Oberfläche gedrückt werden. Wenn die Kräfte nachlassen, ploppt er mit einem Schuss wieder hoch und liegt wieder gut sichtbar auf der Wasseroberfläche. Reine Willenskraft und Körpereinsatz kommen gegen die Dynamik eines physikalischen Gesetzes nicht an. Ganz ähnlich ist es mit schweren Gefühlen. Wenn es gelingt, die Trauer als Teil der momentanen Lebenswelt zu akzeptieren, verbrauchen Sie Ihre Kraft nicht in einem hoffnungslosen Kampf, der Sie zunehmend schwächt und erschöpft. Das Gefühl der Trauer wird also nicht ganz verschwinden, egal wie sehr Sie sich anstrengen. Also beenden Sie den Kampf und beobachten, was der Wasserball dann macht. Er ist noch da – ja! Aber ohne den Druck von außen bleibt er beweglich, kann sich Richtung Horizont bewegen, kleiner werden oder zeitweise sogar ganz aus dem Blickfeld in den Hintergrund geraten. Denn der Wasserball ist ja nun wieder beweglich ... Und ganz ähnlich verhält es sich mit der Trauer: Wenn Sie den Kampf beenden, dann wird die Trauer sich verändern. Sie ist da, aber nicht zu jeder Zeit präsent im Vordergrund der Aufmerksamkeit.«

Beim Erzählen dieser Metapher ist es hilfreich, die Bewegung des Wasserballs tatsächlich mit einem kleinen Ball in der kreisenden Hand nachzuempfinden, sodass unmittelbar zu sehen ist, wie sich seine Position verändern kann. Das aktive Zulassen der Trauer ist also ein Schlüssel für den Umgang mit einem unerfüllten Kinderwunsch. Dies ist ein prozesshaftes Geschehen, in dem es um die Anerkennung dessen geht, was bisher nicht geschehen ist und vielleicht auch niemals sein wird. Es ist die Trauer um ein Nicht-Ereignis. Etwas, was nicht eintritt, die Schwangerschaft und der erhoffte Kindersegen, belastet Frauen und Männer und dies selbstverständlich gleichermaßen in hetero- wie gleichgeschlechtlichen Partnerschaften. Das Thema beeinflusst die gemeinsame Paarbeziehung und verändert schließlich das Verhältnis zum sozialen Umfeld. Die Familienplanung ist gerahmt durch die persönliche Vorstellungswelt, prägt die Zukunftsvision des Paares und ereignet sich im momentanen Spannungsfeld zwischen den Erwartungen der Herkunftsfamilie, den Anforderungen in Berufs- und Karriereplanung sowie dem Vergleich mit dem Freundeskreis. Einen Kinderwunsch hat letztlich also kein Mensch allein!

1.3 Das Wunschkind als Systemmitglied

Ohne Kind, keine Elternschaft und transgenerational betrachtet, ohne Enkel keine Freuden als Großeltern – dieser Zustand, vielleicht keine Kinder bekommen zu können, markiert eine potentielle Leerstelle in der Biografie mit Auswirkungen auf die Generationenfolge. Mit der Gründung einer eigenen Familie ist auch der Wunsch verbunden, sich abzugrenzen, es explizit anders und manchmal auch besser als die eigenen Eltern zu machen (Wischmann, 2012). Schließlich kann der Schritt in das eigene Leben kaum deutlicher nach Außen dargestellt werden als durch die Familiengründung. Das ist der natürliche Verlauf der Dinge, ein Ablösungsprozess vom Herkunftssystem, der übrigens auch nicht durch die Geburt eines Kindes automatisch gelingen muss. Menschen, die häufig nach einer jahrelangen Odyssee in die Kinderwunschberatung kommen, können in ihren Autonomiebestrebungen gegenüber den eigenen Eltern auch gestärkt werden, indem das imaginierte Wunschkind von Beginn an als Systemmitglied einbezogen wird. Der Wunsch nach einem Kind ist von Beginn an gerahmt in die Vorstellung einer Beziehungsgestaltung zwischen den Wunscheltern und dem Kind. In einem Beratungsprozess können wir dieses System aus Wunscheltern und der Fiktion des gewünschten Kindes anerkennen und damit auch das implizite Vorhaben einer Generationenfolge. Die Beschäftigung mit der Frage, welche Ideen und Vorstellungen mit dem Kind verbunden sind, wird dazu beitragen, die Dynamik in der Gegenwart zu verändern und neue Tänze zu eröffnen. Diese Auseinandersetzung mit Werten, die mit dem Kind verbunden sind aber auch unabhängig davon realisiert werden können, wird die Grundlage der Ausgestaltung einer lebenswerten Gegenwart sein.

Wofür steht also der Kinderwunsch? Welche Träume und Hoffnungen sind mit dem Kind verbunden? Bei der Beantwortung dieser Fragen scheint es keine allzu große Bandbreite an Möglichkeiten zu geben. So privat das Thema Familienplanung auch erscheinen mag, viele der Motive für die Familiengründung scheinen universell zu sein. »Kein Kind zu haben, gilt in unserer Gesellschaft als Makel«, dieser Aussage stimmten 2020 fast 40 % der ungewollt Kinderlosen zu, sechs Jahre zuvor waren es dagegen nur 20 %. (Wippermann, 2014 u. 2020). Keine Frage: Die Belastung verschärft sich. Hinter diesen Zahlen stecken tagtägliche und gewachsene Erfahrungen von Abwertung und Ausgrenzung von ungewollt kinderlosen Menschen. Die Sehnsucht nach einem Kind weist also über die rein persönliche Lebensgestaltung hinaus und ist auch dadurch motiviert, einer scheinbaren Norm entsprechen zu wollen. Wippermann (2020) führt die klassischen Kinderwunschmotive an. Die ersten vier werden besonders häufig von ungewollt kinderlosen Menschen genannt. Ebenfalls regelmäßig begegnen uns die drei letztgenannten Argumente in der Beratungspraxis.

Kinderwunschmotive

- Die Erweiterung der eigenen Persönlichkeit und die der Partnerschaft durch ein Kind
- Das Miterleben der Entwicklung eines eigenen Kindes
- Die Möglichkeit selbst neues Leben zu schaffen
- Die Vorstellung einer durch nichts anderes zu ersetzenden Liebe zum eigenen Kind
- Der Wunsch nach gesellschaftlicher Teilhabe und Anerkennung
- Die Veränderung der bisherigen Work-Life-Balance
- Die Hoffnung auf einen Generationenvertrag und die Fürsorge des Kindes im Alter

Es ist augenscheinlich, dass ein Kind tatsächlich einen berechtigten Grund zu der Hoffnung gäbe, viele der oben genannten Punkte zu erfüllen. Interessant ist aber auch die Tatsache, dass die Realisierung viele dieser Vorstellungen völlig unabhängig von der Frage ist, ob Menschen Eltern werden oder nicht. Selbst wenn der Kinderwunschweg in einen Trauerprozess mündet und am Ende der Abschied vom Leben mit einem Kind sich als der individuell richtige Weg herauskristallisiert, müssen nicht alle diese mit dem Kind verbundenen Hoffnungen verabschiedet werden. Traditionen und Werte zum Beispiel können auch in einem anderen Rahmen weitergegeben werden, vielleicht durch die Übernahme eines Ehrenamtes und einer Aufgabe, in der möglicherweise der Kontakt zu Kindern eine Rolle spielt. Auch als Tante oder Onkel ist man bei seinen Nichten oder Neffen häufig sehr gefragt, weil man ganz andere Akzente als die Eltern setzen kann. Auf diese Weise ist es möglich, ein Leben zu gestalten, in denen Kinder eine entscheidende Rolle spielen, in der Werte vorgelebt und weitergeben werden können.

Vielleicht aber lösen solche Gedankengänge Abwehrreaktionen aus und erscheinen zu banal. »Das ist doch nicht das Gleiche!« Ein häufiger und berechtigter Einwand, der schließlich durch die Aufforderung kontrastiert werden kann, die jetzige Lebensgestaltung aktiv in den Blick zu nehmen: »Ja, es ist nicht das Gleiche! Aber es ist möglich, einige der Themen, die mit einem Kinderwunsch verbunden sind, anzugehen, und dies völlig losgelöst und unabhängig von der faktischen Geburt des Wunschkindes.« Zugegeben, das ist eine unbequeme und konfrontative Intervention, aber auf diese Weise kann ein Prozess einsetzen, indem das Wunschkind wie ein Lastschiff regelrecht entfrachtet wird. Denn bildlich gesprochen müsste das Wunschkind phasenweise regelrecht zusammenbrechen unter der Last von Hoffnungen, Erwartungen und Aufträgen, die mit ihm verbunden sind. In gewisser Weise ist dies der Kern einer jeden Familienplanung: Das Kind soll das Paarsystem erweitern. Mit dem Kind ist also immer die Hoffnung verbunden, das Leben insgesamt zu erneuern. Die häufig jahrelange Hoffnung bei einem unerfüllten Kinderwunsch kann diese Projektionsfläche also noch vergrößern, die mit der Familienplanung insgesamt einhergeht. Und an diesem Punkt ist das gewisse Suchtpotential der Thematik zu erkennen, die Konstruktion einer erfüllten Welt in der Zukunft, die außerhalb der Selbstwirksamkeit der Person und einzig und allein in der Realisierung dieses erträumten Lebensentwurfs zu liegen scheint. Eine daraus resultierende innere Abkehr von Lösungsversuchen, die in der

Gegenwart liegen, kann die Folge sein. Der Alltag vermag in einer solchen Dynamik aus Idealisierung und Fixierung auf die Zukunft nur schwerlich an Reiz gewinnen. Dies würde eine bewusste Gestaltung des Lebens im Hier und Jetzt voraussetzen, ein Anliegen, das Menschen in der Kinderwunschberatung indirekt mitbringen und sich häufig in dem Auftrag nach »mehr Gelassenheit« kleidet. Doch mehr Gelassenheit bedeutet eben auch mehr von der Leidensfähigkeit, die Menschen in der Kinderwunschzeit beweisen. Dies kann nicht das Ziel sein. Die Reflexion dieser schweren Dynamik kann allerdings umso besser gelingen, je selbstverständlicher die Trauer im Vorfeld um den in Frage stehenden Lebenstraum einen Platz erhalten hat. Das Kind, das so sehnlich erwartet wird, ist bisher nicht geboren worden. Das bedeutet, diese Sehnsucht hat sich bisher nicht erfüllt. Eine existentielle Erfahrung, sie ist schmerzvoll und löst Ohnmacht aus. Doch der Kontrollverlust muss nicht die Überhand gewinnen. Es tut gut, angesichts des prägenden Gefühls der Fremdbestimmtheit in der Kinderwunschzeit, das Leben wieder schrittweise und bewusst selbst in die Hand zu nehmen – aktiv zu werden. Und ein Bereich, der sich durch ein Kind in der Regel zuallererst verändern soll, ist bereits in der Kinderwunschzeit prädestiniert: Die Auseinandersetzung mit der eigenen Work-Life-Balance. Insbesondere viele der Frauen mit unerfülltem Kinderwunsch kennen das: Sie haben sich im Beruf etabliert, Karriere gemacht, und sehnen sich nun nach einem neuen Sinn im Leben. Ein Kind wäre die ideale Lösung, um dem Berufsalltag zu entkommen, der so vertraut ist und sich streckenweise zu einer reizlosen Routine entwickelt hat. Mutter zu werden, wäre da eine allgemein anerkannte Entscheidung, die Prioritäten zumindest zeitweise in das Privatleben zu verschieben. Frauen, die schwanger werden, sind also erst einmal nicht dazu herausgefordert, aktiv etwas in ihrem Job zu verändern. Im Gegensatz dazu bietet sich Frauen mit unerfülltem Kinderwunsch nun die Gelegenheit genau hinzuschauen und ihre Berufstätigkeit auf den Prüfstand zu stellen. In vielen Fällen wird dann schnell deutlich, wie notwendig eine Anpassung oder gar Kursänderung wäre, die die Frauen aber aus Angst, dann nicht mehr alles für die Familienplanung geben zu können, weiter und weiter vertagen. Systemische Kinderwunschberatung bedeutet häufig also auch einen Coaching-Prozess in Fragen der Karriereplanung zu begleiten, dies auch in der Gewissheit, die Handlungs- und Lösungsoptionen zu erweitern. Denn wenn sich das Kinderkriegen der Kontrolle entzieht, ist es hilfreich diejenigen Bereiche aktiv zu gestalten, die zumindest ein Stück weit zu steuern sind. Auf diese Weise wird die Ohnmacht, die ein unerfüllter Kinderwunsch im Privatleben bedeutet, in einem anderen zentralen Lebensbereich abgefedert. Dies kann zu einer erheblichen Entlastung und Steigerung der Lebensqualität insgesamt beitragen.

Erste Fallgeschichte: Lena – Kinderwunsch und Karriere

»Schon immer«, antwortet Lena ohne jeden Zweifel in ihrer Stimme auf meine Frage, wie lange sie sich bereits ein Kind wünscht. Lachend präzisiert sie die Jahreszahl: »Also bestimmt so mit 18 ging das los ...« Inzwischen ist Lena 36 Jahre alt, sie blickt auf sechs anstrengende Jahre zurück, in der sie und ihr Ehemann Michael vergeblich versuchten, ein Kind zu bekommen. Bei ihr gibt es keine Diagnose, die Indikation liegt bei Michael. Er ist zehn Jahre älter als Lena und sein Spermiogramm eingeschränkt. Beruflich ist Lena zwar als Pharmareferentin in einem großen Konzern erfolgreich, zufrieden ist sie aber schon lange nicht mehr in dem Unternehmen, in dem sie nach dem Studium als Berufsanfängerin gestartet hatte und inzwischen in einer Führungsposition tätig ist. Ihr Kinderwunsch prägt inzwischen ihr ganzes Leben, die Hoffnung endlich schwanger zu werden, hindert sie allerdings daran, den nächsten Karriereschritt anzugehen.

Lena möchte Mutter werden, eine Familie gründen. Doch je länger dies nicht gelingen mag, desto unbefriedigender nimmt sie ihre berufliche Situation wahr. Seit zwei Jahren nun sind sie und ihr Mann in Behandlung in einem Kinderwunschzentrum. Inzwischen blicken sie auf drei erfolglose Versuche, im Kinderwunschzentrum mit Hilfe einer intrazytoplasmatischen Spermieninjektion (ICSI) schwanger zu werden. Diese Methode wird vor allem dann angewandt, wenn die Spermienqualität für eine alleinige Befruchtung im Reagenzglas nicht ausreicht. Dabei wird im Labor jeweils ein Spermium direkt in das Zytoplasma der zuvor entnommenen Eizelle injiziert.

Der letzte Besuch bei ihren Schwiegereltern war für Lena besonders schlimm, ein Spießrutenlauf, denn zu Gast war auch die schwangere Schwägerin, die ihr zweites Kind erwartete. Nur ihre beste Freundin war bisher eingeweiht in ihre Familienplanung, die diesen Ratschlag für sie hatte: »Du musst endlich loslassen, damit es klappt.« Lena ist sichtlich abgeschafft und schließlich überrascht, als ich sie in unserer ersten Sitzung frage, ob sie das Loslassen denn nun endlich geschafft habe. Langsam und ein wenig verlegen schüttelt sie den Kopf. »Das verstehe ich gut. Wie soll das auch funktionieren, etwas loszulassen, das man sich so sehnlich wünscht?«, frage ich sie. Solche belastenden Glaubenssätze aus dem sozialen Umfeld lösen schwere Gefühle aus und kleiden sich in vielerlei Gewänder: »Wenn ihr so fixiert seid, dann blockiert ihr euch nur selbst«, »Fahrt nur mal in den Urlaub und entspannt Euch ein bisschen« oder »Vielleicht denkt ihr mal über eine Adoption nach, dann klappt es bestimmt auf einmal …«. Die Liste solcher Vorstellungen ließe sich lange fortsetzen. Und man kann es nicht deutlich genug sagen: Ratschläge können auch Schläge sein. Wenn solche Glaubenssätze von Menschen vorgetragen werden, bei denen Empathie, Unterstützung und vielleicht auch eine professionelle Kompetenz vorausgesetzt wird, wie etwa beim Fachpersonal des Kinderwunschzentrums oder in einer Yoga-Gruppe, wirken solche Überzeugungen besonders verheerend. Selbstzweifel, verstärkte Grübeleien und negative Gedanken über sich selbst können dann die Folge sein. Auch Lena begriff ihre ungewollte Kinderlosigkeit nun mehr und mehr als persönliches Versagen. So half ihr schließlich die grundlegende Intervention, den schwächenden Glaubenssatz ihrer Freundin als Überforderung in einer ohnehin überfordernden Situation zu erkennen.

Wenn das soziale Umfeld Sinnzusammenhänge konstruiert, durch die letztlich der Mensch selbst in Frage gestellt wird, ist dies sehr schmerzhaft. Die ungewollte Kinderlosigkeit wird dann nicht als ein Ereignis betrachtet, das schicksalhaft in ein Leben hineinbricht. Im Gegenteil werden seelische Hindernisse und innere Blockaden konstruiert, die es zu bearbeiten gilt, dann erst, einer Art Läuterung der Persönlichkeit gleich, könne sich das ersehnte Kind auf den Weg machen. Wenn das Natürlichste der Welt nicht spontan klappen mag, dann werden die Gründe häufig zuallererst bei sich selbst gesucht. Nicht selten taucht bei der Suche nach Gründen für diesen Schicksalsschlag auch ein Schuldthema auf. Keine Frage, an dieser Stelle geht es um das große Ganze. Wer sich mit seinen intimsten Sorgen und Nöten einem anderen Menschen anvertraut, möchte nicht persönlich in Frage gestellt werden. Auch Lena erging es schlecht mit der Vorstellung, sie hätte irgendetwas falsch gemacht – zumindest noch nicht richtig. Entlastung fand sie schließlich durch das Erlernen einer neuen Möglichkeit, liebevoller mit sich selbst umzugehen. Einen Zugang, der ihr dies ermöglichte, war das Kennenlernen der »Selbstmitgefühlsfrage« (Knuf, 2016, S. 139). »Wenn ich es gut mit mir meine, was würde ich jetzt tun?« Es ist immer wieder spannend zu erleben, wie wirkungsvoll die Selbstmitgefühlsfrage ist. Sie verweist auf Lösungsoptionen innerhalb der Person und trägt so dazu bei, einen wertschätzenden Umgang mit sich selbst einzuüben. Für die systemisch ausgerichtete Kinderwunschberatung kann sie als Hausaufgabe im Alltag ihre ganze Kraft entfalten und adaptiert werden: »Angenommen ich würde meine bisherige ungewollte Kinderlosigkeit mit Mitgefühl für mich selbst betrachten. Welche unterstützenden Glaubenssätze fallen mir dann ein? Was würde ich jetzt tun?« Diese Erweiterung auch als eine hypnosystemische Intervention im Sinne von Gunther Schmidt anzuwenden, eröffnet auch in diesem Setting einen neuen Möglichkeitsraum (2020). Es muss schließlich nicht verwundern, wenn die Selbstmitgefühlsfrage ein längeres Schweigen provoziert. Vom Verstand und rein kognitiven Betrachtungsweisen wird die Aufmerksamkeit nun auf die Herzebene gelenkt. Ein guter Ausgangspunkt, um schließlich die bisherigen individuellen Lösungsversuche zu würdigen und in einem zweiten Schritt über die gesellschaftliche Tabuisierung und Stigmatisierung der ungewollten Kinderlosigkeit zu reflektieren. Prozesshaft kann dann ein neuer unterstützender Glaubenssatz entwickelt werden und seine Kraft entfalten.

Beispiele für unterstützende Glaubenssätze
- Ich bin ein wertvoller Mensch.
- Ich darf traurig sein.
- Ich werde diese Zeit meistern.
- Ich vertraue mir selbst.

Zeitweise kann der Zugang zu unterstützenden Glaubenssätzen versperrt sein, die Ressourcen müssen dann erst wiederentdeckt werden. Die Beschäftigung mit Glaubenssätzen über sich selbst, sei es mit den nährenden oder den schwächenden, führt in vielen Fällen dann noch einmal zurück in das eigene Herkunftssystem. Die Auseinandersetzung mit den bedeutsamen Glaubenssätzen im eigenen Elternhaus ist für ungewollt kinderlose Menschen häufig ein entscheidender Schlüsselmoment, um einen aktiven Sprung in das eigene Leben zu wagen. So kann es dann auch darum gehen, solch alte Muster überhaupt wahrzunehmen, um sie aktiv unter Kontrolle zu bringen. Löschen können wir die Glaubenssätze nicht, dies ist auch nicht ratsam. Aber eine zunehmend liebevolle, mitfühlende Sichtweise sich selbst gegenüber einzunehmen, ist ein bedeutender erster Schritt auf diesem Weg, der schließlich auch Lena half, Neues in ihrem Leben zu etablieren. Die Erinnerung an das Aufwachsen mit ihrer alleinerziehenden und teilweise überforderten Mutter ermöglichte es, die Not und Überforderung ihres Inneren Kindes zu fühlen. Ein neuer Glaubenssatz unterstützte sie schließlich darin: »Ich sorge nun gut für mich selbst.« Ein Wendepunkt!

Einem Kinderwunsch ist das geplante Dritte immanent, das zukünftige Kind. Bei allem Verständnis und Empathie für ungewollt kinderlose Menschen und ihren Trauerprozess ist es gleichzeitig wichtig, ihre Selbstwirksamkeit und Selbstfürsorge zu fördern. Für viele Menschen in der Kinderwunschzeit ist die (Weiter-)Entwicklung dieser Kompetenz ein Schlüsselfaktor. »Weniger Druck« und »mehr Leichtigkeit« sind dann auch typische Ziele, die viele Menschen in der Kinderwunschberatung auf die Frage äußern, was denn überhaupt anders durch die Beratung werden soll. Diese Vorstellung hatte auch Lena, die trotz anfänglicher Skepsis einen guten Zugang zu ihrer Leichtigkeit fand. Sie externalisierte dieses Gefühl als eine leicht durchschimmernde, zartgelbe Wärme in der Brustgegend, die wohlig ausstrahlte und auf diese Weise die Eigenschaft besaß, sich im gesamten Körper ausbreiten zu können. Lena tat es sichtlich gut, wieder einen wohltuenden Zugang zu ihrem Körper zu finden. Die Hausaufgabe, sich einmal täglich auf die Suche nach diesem angenehmen Gefühl der Leichtigkeit zu begeben, auch körperlich nachzuspüren, unterstützte sie darin, aus dem Gedankenkarussell aus Sorgen und Ängsten auszusteigen. Im Verlauf eines halbjährigen Beratungsprozesses fand Lena schließlich zu ihrer Ausgeglichenheit zurück. Die somatischen Marker ihres Körpers als weise Ratgeber miteinzubeziehen, war dabei ein wesentliches Element für weitere Einsichten. Sie nahm wahr, wie die vermeintliche Machbarkeit der Reproduktionsmedizin sie daran gehindert hatte, ihr Leben aktiv zu gestalten. Als sich ihr schließlich die Gelegenheit bot, sich auf eine neue verantwortungsvolle und lukrative Position in einem anderen Unternehmen zu bewerben, konnte sie dies nun in der wertvollen Gewissheit tun, gut für sich selbst zu sorgen. Und tatsächlich: Lena bekam die Stelle. Natürlich verschwand durch diese Wendung nicht einfach ihr Kinderwunsch. Doch es war ihr gelungen, den Zweifel zu beruhigen und den neuen Karriereschritt nicht länger in Frage zu stellen, weil dieser vielleicht ihr Schicksal besiegelte, kinderlos zu bleiben. Ein Kind zu bekommen haben wir nicht in der Hand, für Zufriedenheit im Job zu sorgen hingegen schon. Der neue Karriereschritt beflügelte Lena, steigerte ihre Lebensfreude und entspannte auch die Paardynamik. Ein konkret während der Beratung entwickelter Zeitplan für die weiteren reproduktionsmedizinischen Versuche gab ihr dann die Gewissheit, das Thema Familienplanung nicht aus dem Blick zu verlieren. So konnten auch mögliche Szenarien und ein Plan B besprochen und in die weiteren Überlegungen miteinbezogen werden. Stück für Stück war es Lena also gelungen, die Autonomie über ihr Leben zurückzugewinnen.

1.4 Die Kinderwunschspirale und das System Reproduktionsmedizin

Wenn Kinder eines Tages zu Eltern werden und Eltern zu Großeltern, markiert dieses Ereignis wie kein anderes einen Generationenwechsel und den Schritt in das eigene Leben. Menschen, die ungewollt kinderlos bleiben, sind einmal mehr herausgefordert, diesen Autonomieprozess aktiv zu gestalten. Aus der Perspektive der Eltern bleibt das Kind ohnehin auf eine gewisse Weise immer ihr Kind. Innerliche Ablösung vom Herkunftssystem gelingt also nicht automatisch durch eine eigene Familiengründung. Sich ein Kind zu wünschen, ist aber ein guter Zeitpunkt für eine Auseinandersetzung mit der biografischen Vergangenheit und einer bewussten werteorientierten Ausrichtung auf die Zukunft. Allerdings werden diese ideellen Bereiche der Familienplanung im Rahmen der Reproduktionsmedizin ausgeblendet. Und wenn Namen bereits Nachrichten enthalten, dann klingt das Wort Reproduktion nach harten Fakten, Statistik und Wahrscheinlichkeiten. Kein Zufall, denn schließlich ist die Medizin insgesamt auf Planbarkeit ausgerichtet, eine Kategorie, die jedoch weder für den Beginn noch für das Ende des Lebens charakteristisch ist.

In den Jahrbüchern des Deutschen IVF-Registers (In-vitro-Fertilisation), die die Behandlungszyklen in den Kinderwunschzentren dokumentieren, kann die rasante Entwicklung mitverfolgt werden: 1997 kamen in Deutschland nach einer reproduktionsmedizinischen Behandlung 6577 Kinder zur Welt, inzwischen hat sich diese Zahl mehr als verdreifacht. Gut zwanzig Jahre später sitzt demnach bereits in jeder Schulklasse mindestens ein Kind, das in einem Kinderwunschzentrum gezeugt wurde. In Europa insgesamt werden jährlich über 900.000 IVF-Zyklen durchgeführt und an die 200.000 Kinder nach außerkörperlicher Befruchtung geboren. Deutschland ist nach Spanien, Russland und Frankreich das Land mit den meisten Eingriffen (Deutsches IVF-Register, 2018 u. 2019).

Angesichts der Hoffnungslosigkeit und Ohnmacht, die die ungewollte Kinderlosigkeit auslöst, suggeriert die Reproduktionsmedizin einen Weg der Plan- und Machbarkeit. Das Gefühl, das sich beim Machen einstellt, ist ja auch ein angenehmes, und begleitet einen Zustand der Kontrolle und Selbstwirksamkeit, den viele Menschen favorisieren. Das Unkontrollierbare wird vermeintlich wieder kontrollierbar ... Diese Dynamik ist eine Erklärung, warum es Menschen mit unerfülltem Kinderwunsch auch nach dem fünften, zwölften oder gar zwanzigsten reproduktionsmedizinischen Versuch so schwerfällt, diesen Weg als gescheitert zu akzeptieren. Sie machen weiter und weiter … Monat für Monat eine zyklische Achterbahnfahrt der Gefühle aus Hoffen und Bangen, eine anstrengende Dynamik, die jede Frau und jeder Mann mit Kinderwunsch erlebt.

Die vorgezeichnete Fixierung auf den nächsten Zyklus und Versuch stellt eine Sogwirkung her, die gut zu vergleichen ist mit der Metapher einer Spirale. Und eine Spirale beginnt erst einmal oben offen: Die Paare versuchen es sehr lange auf natürlichem Weg, es klappt nicht. Schließlich entscheiden sie sich für ein Kinderwunschzentrum. Mit der Diagnose beginnt die Auswahl des Verfahrens und der erste Versuch, dann der zweite, der dritte … Schließlich werden die Paare gewissermaßen in den Sog der Kinderwunschspirale gezogen. Und wenn sie nach einiger Zeit bereits erschöpft sind und bildlich gesprochen, diesen Trichter hochschauen, dann blicken sie auf das, was sie schon alles unternommen und erlitten haben, all die Zeit, Emotionen und auch finanziellen Mittel … Und dieser Einsatz soll nun tatsächlich vergeblich sein? Also geht es weiter und weiter … und die Spirale wird enger und enger … Doch der Weg muss sich doch irgendwann lohnen! Und was liegt vermeintlich am Ende der Spirale? Das Wunschkind! Aber genau dies ist die Illusion! Es gibt keine Garantie! Wir haben es nicht in der Hand.

Immerhin: Pro assistierten reproduktionsmedizinischen Versuch liegt die durchschnittliche Lebendgeburtenrate bei maximal 20 %. Nach drei assistierten Versuchen gehen durchschnittlich mindestens 50 % der Paare mit einem Kind nach Hause. Dies bedeutet allerdings auch, jenes ersehnte Lebensglück wird der anderen Hälfte der Paare auch nach dem dritten Versuch nicht zuteil (Wischmann, 2012). Keine Frage, wer bereits so viel investiert hat, und dies gleichermaßen in emotionaler, körperlicher und finanzieller Hinsicht, kann nur schwerlich aufgeben. Die Kinderwunschspirale verengt sich also weiter … und weiter … auf den nächsten Versuch. Und der behandelnde Arzt hält die Hoffnung aufrecht: »Wir kriegen Sie schon noch schwanger!« Eine problematische Haltung, die Scham auslöst: Grenzverletzung als Systemmitglied. Wichtig ist es dann, die Frau zu bestärken und ihr zu sagen, dass nicht sie individuell etwas falsch gemacht hat. Im Gegenteil – ihre Grenzen sind überschritten worden. Um nun symbolisch Schutz aufzubauen, kann beispielsweise auf dem Familienbrett ein Samtband um die Figur der Frau oder als eine Alternative dazu ein Seil um den Stuhl der Frau gelegt werden. Diese Visualisierungstechniken zeigen, dass es legitim und notwendig ist, eine Grenze zu ziehen, die Privat- und Intimsphäre zu schützen.

Die Illusion der Machbarkeit und die Verheißung auf Erfolg verzögert oder verhindert die Auseinandersetzung mit potentiell in Frage kommenden Alternativen zu einem leiblichen Kind sowie die Beschäftigung mit einem Leben ohne Kind. Während der Kinderwunschberatung den häufig jahrelangen Weg aus Belastung und Strapazen zu würdigen und gleichzeitig den Plan B ins Spiel zu bringen, ist eine Gratwanderung und erfordert Fingerspitzengefühl. Eine solche Gleichzeitigkeit der Interventionen ist aber von Beginn an ein wesentliches Element in der Begleitung von ungewollt kinderlosen Menschen. Die Reflexion der eigenen Haltung zum Thema Grenzen ist schließlich die Grundvoraussetzung für die Beschäftigung mit der Frage, ob eine Alternative zu dem leiblichen Kind überhaupt vorstellbar ist, sei es die Adoption oder Pflegschaft eines Kindes oder die Erwägung einer Gametenspende mit all den betreffenden ethischen und rechtlichen Fragestellungen. Dies alles benötigt Zeit, setzt einen Prozess voraus, an dessen Ende auch die bewusste Entscheidung stehen kann, ein Leben ohne Kind zu gestalten. Wenn aber die Hoffnung immer wieder und wieder genährt wird, wie es im System der Reproduktionsmedizin typischerweise geschieht, dann geraten die eigenen Grenzen in vielen Fällen aus dem Blick. Diese Dynamik entfernt Menschen mit Kinderwunsch zeitweise von ihrer inneren Stimme und ist auch eine Erklärung, warum der Ausstieg aus wiederholten reproduktionsmedizinischen Eingriffen so schwerfallen kann. Manch eine Frau fühlt sich mit der Hormonspritze in der Hand tatsächlich eher wie ein abhängiger Junkie als frei und vital auf dem Weg zum Wunschkind. Die finnische Künstlerin Elina Brotherus gewährt einen imposanten Einblick in diese Lebenswelt in ihrem Bildband »Carpe Fucking Diem« (2015). In expressiven Fotografien wird die beklemmende Sprachlosigkeit angesichts des Scheiterns der Kinderwunschbehandlungen und des tabuisierten Leids für jeden und jede spürbar. Die Beklemmung ist sichtbar: Dem Thema Kinderwunsch wohnt ein gewisser Suchtfaktor inne. Dieses System aus Ohnmacht und suggerierter Machbarkeit gegenüber den ratsuchenden Menschen zu benennen, sodass auch der Zeitfaktor für mögliche Alternativen nicht aus dem Blick gerät, wirkt letztlich entlastend. Jenseits von persönlichen Diagnosen, Fragestellungen und Entscheidungen greifen beim Thema des unerfüllten Kinderwunsches systemische Strukturen wie ein Schlüssel-Schloss-Prinzip ineinander. In diesem Sinne ist die Kinderwunschspirale eine hilfreiche Metapher, um Menschen in der Beratung zu verdeutlichen: »Sie machen hier nichts persönlich falsch! Es gibt systemische Strukturen, die unabhängig ihrer individuellen Bewältigungsstrategie wirken. Und hier lohnt es sich genauer hinzuschauen.« Das Erkennen eben dieser übergeordneten Mechanismen ist ein wesentlicher Schutzfaktor, um sich dem Sog der Kinderwunschspirale zu widersetzen.

1.5 Ungewollte Kinderlosigkeit und Beratung

Eine kurze Rekapitulation: Bis zu 1,4 Millionen Menschen in Deutschland sind ungewollt kinderlos. Bereits heute hat etwa jedes sechste bis siebte Paar Schwierigkeiten, ohne medizinische Unterstützung schwanger zu werden. Rund ein Viertel der kinderlosen Frauen und Männer im Alter zwischen zwanzig und fünfzig Jahren hätte gerne ein Kind, aber es klappt nicht, und dies teilweise schon seit mehreren Jahren (Wischmann, 2012). Diese Entwicklung wird sich perspektivisch weiter verschärfen, dies auch aufgrund des steigenden durchschnittlichen Alters der Frau bei der Erstgeburt als wichtigster Einflussfaktor hinsichtlich der Fruchtbarkeit. In den Industrieländern sind Frauen heutzutage durchschnittlich älter als 30 Jahre, wenn sie ihr erstes Kind zur Welt bringen. Zum Vergleich: In den 70er Jahren waren Erstgebärende im Schnitt zwischen 24 und 26 Jahren alt. Sie wurden also in der Regel in einer Phase schwanger, in der sie biologisch gesehen sehr fruchtbar sind. Die hochfruchtbare Phase der Frau liegt bei 22 Jahren, danach sinkt die weibliche Fertilität beständig ab. Heutzutage verschieben insbesondere die gut ausgebildeten Frauen ihren Kinderwunsch nach hinten, um beruflich überhaupt erst einmal Fuß zu fassen. Die Kinderzahl bleibt in den Industrieländern häufig mit durchschnittlich 1,7 Kindern hinter der erhofften Vorstellung zurück. In den ärmsten Ländern der Welt stellt sich dieser Zusammenhang umgekehrt dar: Viele Frauen bekommen mehr Kinder als sie sich wünschen, aber selbstverständlich gibt es auch dort unerfüllte Kinderwünsche. Diese Entwicklung zu verändern, kann nur gelingen, wenn das Thema der reproduktiven Gesundheit zu einem integralen Bestandteil der Gesundheitsversorgung wird. Und dies heißt konkret, bereits junge Menschen nicht nur umfassend über Verhütung, sondern auch sorgfältig über ihre Fertilität und Familienplanung aufzuklären.

In Deutschland ist die psychosoziale Kinderwunschberatung den Kinderschuhen entwachsen und verfügt über ein etabliertes Bewältigungsangebot für Frauen, Männer, Transpersonen, Paare und nonbinäre Menschen in allen hetero- und homosexuellen Beziehungen und Konstellationen. Eine weitere wichtige Zielgruppe: Alleinstehende Frauen ohne Partner aber mit Kinderwunsch, die in einem professionellen Setting über ihr Vorhaben einer Solo-Mutterschaft und über ihre zukünftige Rolle als alleiniger Elternteil reflektieren möchten (Mayer-Lewis, Thorn, Schick u. Wischmann, 2018). Ein wegweisender Trend, der für die Zukunft auch die nachgehende Beratung in das Blickfeld rückt, so wie insgesamt die phasenübergreifende Betrachtung des Themas sehr sinnvoll ist. Denn wenn sich der Kinderwunsch endlich erfüllt, ist dies ein großes Glück! Aber die Wahrheit ist eben auch: Viele Probleme nehmen dann erst ihren Anfang. Ehemals ungewollt kinderlose Menschen und ihre Kinder profitieren also auch im Nachhinein von einer für das Thema Kinderwunsch sensibilisierten Beratung, gerade vor dem Hintergrund der Aufklärung des Kindes und der Integration der genetischen Herkunftsgeschichte in die Familie.

Zwei große bevölkerungsrepräsentative Untersuchungen aus den Jahren 2014 und 2020 im Auftrag des Bundesministeriums für Familie, Senioren, Frauen und Jugend geben einen umfassenden Einblick in die Lebenswelt ungewollt kinderloser Menschen zwischen zwanzig und fünfzig Jahren (Wippermann, 2014 u. 2020). In dieser Altersspanne haben 25 % von ihnen kein Kind, obwohl sie sich dies sehnlich wünschen. Doch vor allem die Männer zweifeln lange nicht an ihrer uneingeschränkten Fertilität. Auf natürlichem Weg schwanger zu werden, von diesem Traum verabschieden sich die meisten Paare erst nach langen strapaziösen Jahren der sich zyklisch wiederholenden Endlosschleife aus Hoffnung und Enttäuschung. Nur einige von ihnen suchen dann als letzten Rettungsanker ein Kinderwunschzentrum auf. Vergleichsweise also wenig Frauen und noch weniger Männer treffen die Entscheidung für eine reproduktionsmedizinische Behandlung. Die Männer – auch das ist aus der Forschung bekannt – sind im Vergleich zu Frauen beim Thema Reproduktionsmedizin eher passiv und sehen die Zuständigkeit für das Thema insgesamt bei ihrer Partnerin, an die sie die Initiative dann auch delegieren (Wippermann, 2014).

50 % der Männer glaubt dann auch nicht, dass eine psychosoziale Kinderwunschberatung für sie selbst von Nutzen wäre, sie plädieren für neue Formen und nicht die bloße Übertragung von bestehenden Angeboten, die sie als sehr stark auf Frauen ausgerichtet wahrnehmen. Faktisch haben bisher aber auch nur 2 % der Frauen in der Altersspanne von zwanzig bis vierzig Jahren eine Kinderwunschberatung aufgesucht, ab vierzig sind es dann insgesamt 5 %. Der Anteil der Männer liegt deutlich darunter. Scham und Verletzlichkeit in einem nicht medizinischen Setting zu offenbaren, ist für viele der wesentliche Hinderungsgrund. Es ist klar, dass das Potential insbesondere im Hinblick auf die Beratung ungewollt kinderloser Männer noch längst nicht ausgeschöpft ist.

Einen großen Stellenwert wird generell der professionellen Qualifikation der Beratungsfachkräfte beigemessen. Ein spezifisch nachgewiesenes Fachwissen ist also die Grundvoraussetzung, um die Menschen überhaupt erreichen zu können (Wippermann, 2020). Eine solche Qualifizierung wird nach entsprechender Fortbildung durch die Deutsche Gesellschaft für Kinderwunschberatung (BKiD) angeboten. Der Berufsverband vergibt eine Zertifizierung, die schließlich für die Beratung im Rahmen der Gametenspende noch erweitert werden kann. Damit aber Menschen in dieser Lebensphase überhaupt für ein professionelles Beratungsangebot erreicht werden können, muss ihre Angst vor Stigmatisierung sehr ernst genommen werden. Eine wesentliche Erkenntnis kann in diesem Zusammenhang nicht oft genug wiederholt werden: Paare mit bisher unerfülltem Kinderwunsch sind im Durchschnitt psychisch völlig unauffällig und benötigen nicht häufiger als andere Menschen eine psychologische Beratung oder Therapie. Dass eine unausgeglichene Psyche zu ungewollter Kinderlosigkeit führt, ist ein Mythos und nimmt historisch gesehen Bezug auf ein Frauenbild, das weibliche Sterilität und Unfruchtbarkeit pathologisiert und mit einer krankhaften hysterischen Persönlichkeitsstruktur assoziiert hat (Wischmann, 2012). Jeder noch so persönliche Kinderwunsch ist also beeinflusst durch ein gesellschaftliches System aus Normen, Werten und dem Zeitgeist, aus dem eine ungute Gemengelage entstehen kann. Ein typisches Klischee heutzutage, vielleicht sei ja ohnehin nur der Stress schuld, greift ebenfalls zu kurz und lässt sich in dieser Eindeutigkeit in der Forschung ebenfalls nicht belegen. »The road to hell is paved with ›just relax‹« (Ford, zit. nach Wischmann, 2012, S. 150). Treffender als diese Zuspitzung in einem US-amerikanischen Ratgeber kann es nicht ausgedrückt werden. Und deswegen ist es so wichtig den Menschen in der Beratung etwas substantiell anderes anzubieten als ihnen zu empfehlen, sich doch endlich mal zu entspannen. Allerdings ist es ein Fakt – und auch dieser Zusammenhang ist wissenschaftlich gut untersucht –, dass die Reproduktionsmedizin Frauen und Männer körperlich und emotional stark belastet. Unruhe, Stress, erhöhte Ängstlichkeit und Depressivität verbunden mit der Zunahme körperlicher Beschwerden können also die Folge einer reproduktionsmedizinischen Behandlung sein. Auf den Punkt gebracht bedeutet dies: Eine Kinderwunschbehandlung erfolgt nicht aufgrund von Stress, eine Kinderwunschbehandlung macht den Stress! Das heißt auch, dass der Einflussfaktor Alltagsstress auf Schwangerschaftsraten nicht überbewertet werden sollte (Wischmann, 2010). Aber unstrittig ist gleichzeitig, dass sich die Lebenswelt der Frauen und Männer verändert, sich anpasst an einen getakteten Tagesablauf aus Funktionieren im Job, Zyklusüberwachung im Kinderwunschzentrum und dem Setzen der Hormonspritzen im heimischen Badezimmer. Das klingt nicht attraktiv und das ist es auch nicht! Bis Ende des dreißigsten Lebensjahres entscheiden sich dann auch nur 6 % der heute kinderlosen Frauen für eine In-vitro-Fertilisation, die im Volksmund wenig ansprechend künstliche Befruchtung genannt wird (Wippermann, 2020). Bei dieser Methode werden im Reagenzglas die Eizellen der Frau mit dem aufbereiteten Sperma des Partners zusammengeführt und schließlich nach der selbständig stattfindenden Befruchtung wieder in die Gebärmutter der Frau transferiert. Auch wenn Frauen älter als vierzig Jahre alt werden, entscheiden sich nur maximal 10 % für diese oder eine der anderen Behandlungsmethoden der assistierten Reproduktionstechnik (ART). Dies zeigt deutlich: Eine Kinderwunschbehandlung bleibt die Ultima Ratio und wird weiterhin nicht als eine normale Option betrachtet. Zwar ist das Thema Reproduktionsmedizin auch medial inzwischen viel präsenter, aber dies führt anscheinend eher zu einem erhöhten Risikobewusstsein und Ablehnung dieser Behandlungsmethoden. Hashtags in den sozialen Medien wie #kiwuistkeintabu, #1von7 oder #fehlgeburtdarfkeintabuthemasein zeugen von diesem Kampf gegen das Stigma. So machen immer mehr betroffene Frauen ihre persönliche Leidensgeschichte und Erfahrungen in den sozialen Netzwerken öffentlich. Dies geschieht, indem sie auf die gesellschaftliche Dimension der ungewollten Kinderlosigkeit aufmerksam machen und sich statistisch gesehen als eine von sieben Frauen outen, die die ungewollte Kinderlosigkeit trifft. Damit brechen sie das Tabu, handeln politisch – und dies ist keine Selbstverständlichkeit. Ein besonders besorgniserregendes Ergebnis der beiden Kinderlosenstudien im Zeitverlauf von 2014 bis 2020: Die Angst vor kritischen Reaktionen und Diskriminierung aus dem sozialen Umfeld haben sogar sehr deutlich unter den Betroffenen zugenommen (Wippermann, 2014 u. 2020).

Bei der Hälfte der Paare leidet die Partnerschaft während der reproduktionsmedizinischen Behandlungen. Es ist paradox: Zwei Menschen wünschen sich sehnlich ein Kind, doch das körperliche Momentum des Paares wird umso stärker angetastet, je länger dieser Wunsch unerfüllt bleibt. Interessant ist, dass die Frau die Auswirkungen auf die Beziehung unterschätzt, sie ist mehr auf die körperlichen Vorgänge fokussiert. Der Mann dagegen fühlt sich dafür verantwortlich, die Stimmung aufrecht zu erhalten, Trost zu spenden, Mut zuzusprechen und die Frau phasenweise regelrecht durch den Prozess zu tragen. Dies hat eine belastete Paardynamik zur Folge, die auch der um den Eisprung organisierten Sexualität einen zwanghaften Charakter verleiht. Erleichterung ist dann durch Psychoedukation zu erreichen und die Einführung eines Unterschieds, der einen Unterschied macht: »Ja! Sexuelle Probleme in der Kinderwunschzeit sind üblich. Die Sexualität rund um den Eisprung ist wenig lusterfüllt. Aber Sie können ihre Zweisamkeit an den zyklisch unfruchtbaren Tagen bewusst gestalten und anders erleben – ohne das Thema Kinderwunsch.« Ein solcher Pragmatismus entlastet die Partnerschaft (Stammer, Verres u. Wischmann, 2004).

Das Lebensereignis der ungewollten Kinderlosigkeit fordert das Paar gemeinsam heraus, eine häufig jahrelange Krise zu bewältigen. Das stärkt und schweißt zusammen, im Gegensatz zur öffentlichen Wahrnehmung kommt es zu weit weniger Trennungen in der Phase des unerfüllten Kinderwunsches als durchschnittlich in der Bevölkerung üblich. Kinderlos gebliebene Paare sind dann auf der Langstrecke auch nicht unglücklicher als die Frauen und Männer, die schließlich noch Eltern werden (Wischmann, Korge, Scherg, Strowitzki u. Verres, 2012). Es ist dementsprechend generell ein lohnender Prozess, die mit dem Kind verbundenen Erwartungen und Vorstellungen im Rahmen einer Kinderwunschberatung einer Realitätsprüfung zu unterziehen. Menschen, die auf ihrem Kinderwunschweg

Begleitung suchen, können durch das Einüben eines fürsorglichen und mitfühlenden Umgangs mit sich selbst stabilisiert werden. Eine wichtige Fähigkeit, die ihnen das Leben und den Alltag erleichtern wird – mit Kind und ohne. Ein unerfüllter Kinderwunsch hat das Potential, alte biografische Wunden zu lindern und das Leben neu auszurichten. Gelegenheit zur Selbsterfahrung, Aufarbeitung der eigenen Lebensgeschichte und Entwicklung neuer Perspektiven können angesichts dieser Krise ihren Ausgang nehmen und zu tiefgreifenden Veränderungen führen. Einen solchen transformierenden Rahmen herzustellen, darin liegt sicherlich die Stärke des systemischen Beratungsansatzes. Gleichzeitig die emotionale Belastung als zentrales Hauptanliegen der ratsuchenden Frauen und Männer zu reduzieren, ist dabei das Ziel jeder professionellen Kinderwunschberatung, die von ihrem Selbstverständnis weder Schwangerschaft noch Kinderglück garantiert! Eine solche Behauptung wäre eine falsche Grundannahme und schlicht unseriös. Aber bereits im Rahmen einer Kurzzeitintervention wird die emotionale Belastung der betroffenen Menschen deutlich reduziert – und dies bereits nach nur wenigen Sitzungen (Boivin, 2004). So zeigt die Evaluation der Psychosozialen Kinderwunschberatung, dass sie neben der ärztlichen Expertise eine wichtige Entscheidungshilfe für die Ratsuchenden ist. Die überwältigende Mehrheit empfindet dieses Angebot dann auch als hilfreich, klärend und emotional entlastend (Mayer-Lewis, 2017).

1.6 Wenn das Private politisch wird

Jeder Kinderwunsch ist geprägt durch individuelle Vorstellungen, innere Werte und Glaubenssätze und findet gleichermaßen im Kontext medizinischer Möglichkeiten, rechtlicher Vorgaben und gesellschaftlicher Erwartungen statt. All dies mündet in einen ethischen

Diskurs über das sogenannte Kinder machen, der angesichts der vielfältigen medizinischen Methoden und Möglichkeiten ebenfalls einem rasanten Wandel unterliegt. Doch allen reproduktionsmedizinischen Methoden und High Tech zum Trotz: Das Thema Fortpflanzung bleibt in erster Linie ein biologisches Geschehen. Die Fertilität eines Paares bleibt durch körperliche Vorgänge bestimmt, und wird maßgeblich durch das Alter der Frau beeinflusst. Biografisch gesehen, liegen die fruchtbarsten Jahre der Frau zwischen 20 und 25 Jahren, also im Verlauf des Lebenszyklus kurz nach der Jugend und zu Beginn des Erwachsenenalters. Insgesamt bis zum dreißigsten Lebensjahr haben Frauen gute Aussichten schwanger zu werden, danach sinkt die Chance, zunächst schrittweise, nach Beendigung des 38. Lebensjahres allerdings bereits rapide. Mit 38 hat eine Frau, im Vergleich zu einer 28-Jährigen, nur noch eine halb so hohe Chance schwanger zu werden (Wischmann u. Stammer, 2017). Durchschnittlich im Alter von 41 Jahren endet die natürliche Fruchtbarkeit der Frau und mit ca. fünfzig Jahren haben Frauen die Menopause erreicht, sodass eine Schwangerschaft auf natürlichem Weg nicht mehr möglich ist.

Die biologischen Fakten und das Wissen um die Fruchtbarkeit lösen bei Paaren, die eine Kinderwunschberatung aufsuchen, häufig Irritationen aus. Viele vermuten, die Fertilität sinke erst mit Ende Dreißig. Diese Unwissenheit ist fatal, aber nicht überraschend. Wer hat schon im Biologieunterricht erfahren, dass medizinisch gesehen der optimale Zeitpunkt für eine Schwangerschaft Anfang bis Mitte zwanzig liegt? Und wer hat bereits in der Schule gelernt, die fruchtbaren Tage zu bestimmen? Sexualaufklärung hat bis heute in den allermeisten Fällen nur ein Ziel: Eine ungewollte Schwangerschaft zu vermeiden. Jugendliche im Rahmen des Sexualkundeunterrichts über den Einfluss des Lebensalters auf die Fruchtbarkeit aufzuklären, ist unerlässlich, damit sie als Erwachsene tragfähige Entscheidungen treffen können. Ein Paradigmenwechsel ist dringend erforderlich. Im europäischen Vergleich bekommen Frauen in Deutschland am spätesten Kinder. Doch die Fragen der Familienplanung sind natürlich nicht losgelöst von den beruflichen Biografien der Frauen. Berufsausbildung und anschließende Etablierung im Arbeitsmarkt kosten Lebenszeit. Je besser die Frauen ausgebildet sind, desto später werden sie Mütter. Die Statistik zeigt also die insbesondere für Frauen schwierige Vereinbarkeit von Familie und Beruf. Doch wenn Frauen und Männer sich endlich im Beruf etabliert haben, kann es für die Familienplanung zu spät sein. Es ist bitter aber wahr: Wunscheltern sind leider in vielen Fällen zu alt geworden, um auf natürlichem Weg schwanger zu werden. Angesichts dieser Entwicklung warnt inzwischen auch die medizinische Fachwelt öffentlich vor den überschätzten Möglichkeiten der Reproduktionsmedizin. Denn es gibt biologische Grenzen, die auch die moderne und erfolgreiche Kinderwunschmedizin nicht außer Kraft setzen kann. Auch das Kryokonservieren der eigenen Gameten durch das sogenannte Social Freezing kann die Zeitspanne für das Kinderkriegen nicht wesentlich verlängern. Dies ist oftmals ein folgenschwerer Irrtum. Denn erfolgsversprechend ist diese Methode, bei der Gameten in flüssigem Stickstoff eingefroren und zur späteren Nutzung gelagert werden, vor allem dann, wenn Frauen und Männer sich möglichst frühzeitig am besten in ihren Zwanzigern für dieses Vorgehen entscheiden. Ein Fakt, auf den nicht immer hinlänglich aufmerksam gemacht wird, sodass sich Frauen und Männer mit Ende Dreißig zwar von diesem Angebot angesprochen fühlen, aber gut daran tun, wenn sie die realen Erfolgschancen dieser kostspieligen Methode im Blick behalten.

Der Einflussfaktor des Alters kann auch durch die Maßnahmen der Reproduktionsmedizin nicht überwunden werden. Dies belegen seit Jahren die Zahlen in den Jahrbüchern des Deutschen IVF-Registers, indem alle durchgeführten Kinderwunschbehandlungen in Deutschland dokumentiert werden. Dort wird als ausschlaggebend für den Erfolg der Behandlungen regelmäßig das Alter der Frau hervorgehoben und angeraten, die Patientenpaare bereits frühzeitig über die Folgen des Alters auf die natürliche Fruchtbarkeit aufzuklären (Deutsches IVF-Register, 2018).

Das Alter der Frau bleibt beim Thema Familienplanung ein wesentlicher Einflussfaktor. Die steigende Lebenserwartung verändert den Lebenszyklus, das fruchtbare Fenster aber verändert sich trotz aller medizinischen Fortschritte nicht. Zwar steigen die Schwangerschaftsraten nach assistierter Reproduktionsmedizin an, doch ein weiterer Blick in das bereits erwähnte IVF-Register zeigt auch: Seit Jahren sinkt nun erstmals die Lebendgeburtenrate. Dies liegt vermutlich an dem innerhalb von einer Dekade um ein ganzes Jahr gestiegenen Durchschnittsalter der Frau von 35,5 Jahren bei Behandlungsbeginn. Die Wahrscheinlichkeit eine Fehlgeburt zu erleiden, bleibt bei allem medizinischem Fortschritt mit zunehmendem Alter erhöht. Seit den letzten Jahren geraten bei diesem Thema verstärkt auch die Männer in den Fokus. Sie sind prinzipiell bis ins hohe Alter hinein zeugungsfähig, aber auch die späte Vaterschaft birgt für den Nachwuchs durchaus ein Risiko. Je älter der Mann ist, desto eingeschränkter ist sein Spermiogramm. Mit jedem Lebensjahr nimmt die Zahl der beweglichen Spermien um ca. 1 % ab und die DNA-Schädigungen zu. Das Alter des Mannes hat also ebenfalls einen Einfluss auf das Fehlgeburtsrisiko. Wenn der Mann bei der Zeugung bereits 35 Jahre alt ist, nimmt die Wahrscheinlichkeit für Komplikationen in der Schwangerschaft zu. Genetiker bringen inzwischen den Anstieg von Krankheiten wie Schizophrenie, Depression und autistische Störungen in Verbindung mit den älter werdenden Vätern (Mc Grath et. al., 2014). Eine späte Vaterschaft kann folglich für die Gesundheit des Kindes durchaus problematisch sein.

Familienplanung ist also nicht nur Privatsache. Ohne einen gesellschaftlichen Diskurs und neue politische Rahmenbedingungen, die es Frauen und Männern frühzeitig bereits zu Beginn ihrer Karriere und während ihrer fruchtbaren Jahre ermöglicht, eine Familie zu gründen, wird sich in Zukunft kein neuer Trend durchsetzen. Zu dieser gesellschaftlichen Verantwortung gehört neben dem politischen Willen für eine bessere Vereinbarkeit von Familie und Beruf auch die weitere Vermeidung und Erforschung schädlicher Umwelteinflüsse, die im Verdacht stehen, die Fruchtbarkeit zu schädigen. Doch angesichts all dieser die Fertilität beeinflussenden Faktoren und der politischen Rahmenbedingungen zum Trotz ist Familienplanung ein privates Thema. Und dies gilt natürlich auch, wenn der Kinderwunsch lange Zeit unerfüllt bleibt. Durch die Konfrontation mit der eigenen Begrenzung können reife Einsichten entstehen. Und dies in einem ganz wörtlich gemeinten Sinne von Krise, deren Wortbedeutung im Altgriechischen so viel heißt wie Entscheidung. Eine Krise führt zu einem innerlichen Entwicklungsprozess und zu der Essenz des eigenen Lebens, ein Narrativ, welches angesichts des Leids als Potential angeboten werden kann. Ohne das ersehnte Kind scheint kein lebenswertes Leben mehr möglich. Eine solche Verengung und Zuspitzung sind aber mit reiner Willensstärke nicht zu lösen. Die Statistik über die Erfolgschancen von Kinderwunschbehandlungen spricht seit Jahren eine eindeutige Sprache: Nach drei Versuchen der künstlichen Befruchtung bleiben mindestens die Hälfte der Paare in Deutschland ohne lebendgeborenes Kind, nach vier Versuchen sind es noch 40 %, eine hundertprozentige Garantie gibt es nicht und wird auch in Zukunft nicht zu erwarten sein. Die Herausforderung besteht schließlich darin mit der Begrenzung als Mensch umzugehen und das Fehlen einer faktischen Entscheidungsoption zu akzeptieren, um in ein lebenswertes Leben weiterzugehen.

Die systemische Beratung

2.1 Ambivalenz in der Kinderwunschzeit

Der Kinderwunschweg, der streckenweise auch ein einsamer Gang zu zweit ist, kann sich zu einem dunklen Tunnel der Isolation entwickeln. Nirgendwo scheint sich dann noch ein Licht an seinem sprichwörtlichen Ende zu finden. Im Gegenteil, häufig geht es aller Erschöpfung zum Trotz schon bald weiter. Schließlich verspricht jeder neue Zyklus neues Glück. Ein Kinderwunschweg aus zyklisch wiederkehrender Hoffnung und Enttäuschung ist anstrengend. Die Tabuisierung der ungewollten Kinderlosigkeit verschärft in vielen Fällen die Situation, weil das Paar nicht wie sonst bei Trauerprozessen auf die Unterstützung des Umfelds bauen kann. Die Lebenswelt der anderen unterscheidet sich nun völlig von dem eigenen beschwerlichen Alltag zwischen Bangen und Hoffen. Wenn schließlich die beste Freundin schwanger wird und der langjährige Kumpel Schulter klopfend nachfragt, wann es denn bei einem selbst soweit sei, spitzt sich die Krise der ungewollten Kinderlosigkeit zu. Die Folge ist ein weiterer Rückzug.

Einer der zentralen Gründe, eine Kinderwunschberatung aufzusuchen, zeigt sich dann in der Frage, wie der Umgang mit dem sozialen Umfeld wieder unbeschwerter werden kann. Wohin mit all den Gefühlen angesichts der schwangeren Freundin? Wie die Taufe des Neffen überstehen? Und wäre es vielleicht nicht doch sinnvoll, den Chef angesichts der vielen Termine im Kinderwunschzentrum miteinzubeziehen? Die Aufgabe, die sich stellt: schwächende Botschaften und Glaubenssätze erkennen, und auf Abstand bringen, sodass sie das Leben nicht völlig vereinnahmen. Dies gelingt, indem Ressourcen gestärkt und Schutz aufgebaut werden. Wichtig wird es sein, die Grenzen der Belastbarkeit zu erkunden, um die eigene Stabilität wiederzuentdecken. Diese Balance zwischen Hoffnung und Enttäuschung zu finden, bedeutet letztlich auch die schwere Seite der Hoffnung wahrzunehmen und die wegweisende Komponente der Enttäuschung zu utilisieren. Die Enttäuschung dabei wörtlich zu nehmen und die Betroffenen für die Täuschung zu sensibilisieren, die auf dem oft jahrelangen und beschwerlichen Weg des Kinderwunsches liegt, kann diese ängstigen. Diese Angst kann weder durch reine Willensanstrengung noch durch Selbstwirksamkeit kontrolliert werden. Aber es ist möglich sie zu beruhigen, wenn es gelingt, die Schutzfunktion der Angst zu erkennen und zu würdigen. Die Hoffnung, die sich beim Thema Kinderwunsch immer auch in das Gewand der Sehnsucht kleidet, führt aus dem Moment und dies mit starker Kraft. Sie ist der Motor einer Dynamik des »Weiter so« oder um es systemisch auszudrücken: Die Hoffnung bedeutet »mehr von demselben«. Wenn Frauen und Männer in der Kinderwunschberatung den Auftrag formulieren, sie möchten wieder »mehr hoffen«, kann dieser verständliche Wunsch seine Würdigung erfahren, aber ebenso die ambivalente Seite der Hoffnung angesprochen werden, die in vielen Fällen zu Erschöpfung, Verzweiflung und in Folge zu weiterer Enttäuschung führt. »Ich muss mich nur genug anstrengen, dann kann ich alles erreichen.« Wenn Menschen sich ein Kind wünschen, geht dieser Glaubenssatz, der einen vielleicht bisher weit durch das Leben getragen hat, nicht auf. Dieses mächtige Paradigma zu dekonstruieren, ist eines der wesentlichen Herausforderungen in der Beratungssituation. Die große Täuschung der Machbarkeit, diese Suggestion, die ihr zu Grunde liegt, konfrontiert letztlich mit der Ohnmacht als Mensch. Es ist dann ein sehr lohnender Prozess zu entschlüsseln, welche hilfreichen Botschaften in den schweren Gefühlen der Wut und Trauer zu finden sind. Der Sog der Dynamik des hoffenden »Weiter so« kann dann abschwächen, den Blick auf das Leben insgesamt erweitern und schließlich zu neuen Handlungsspielräumen führen.

Menschen, die eine Kinderwunschberatung aufsuchen, sind im Allgemeinen psychisch völlig unauffällig und haben in der Vergangenheit in vielen Fällen noch kein psychotherapeutisches Angebot benötigt. Manchmal erleben sie auf diesem Weg traumatische Situationen, sie werden von der häufig schonungslos dargebrachten Information über den Status ihrer Fruchtbarkeit überwältigt, erleiden Schmerzen bei Operationen im Intimbereich und müssen in vielen Fällen auch Fehlgeburten verkraften. Wer sich vergeblich ein Kind wünscht, kann mit traumatischen Erlebnissen in Berührung kommen. Dies bedeutet im Umkehrschluss natürlich nicht zwingend, dass ein unerfüllter Kinderwunsch in jedem Einzelfall ein Trauma verursacht. Menschen reagieren auf belastende Erlebnisse unterschiedlich, sodass man den Zusammenhang auch nicht verkürzen sollte. Aber es ist wichtig diese Lesart im Rahmen einer Kinderwunschberatung zu berücksichtigen. Die Hemmschwelle, diese Erlebnisse im Rahmen einer dezidiert ausgerichteten Traumatherapie zu bearbeiten, ist häufig entsprechend hoch. Fachkräfte in der Kinderwunschberatung können also durch ein solides Grundwissen über die Auswirkungen von Schock- aber auch Entwicklungstraumata gewissermaßen als ein niederschwelliges Bindeglied zwischen den Klientinnen und Klienten und traumatherapeutischen Angeboten agieren. Wenn Menschen während einer solchen traumasensiblen Kinderwunschberatung gute Erfahrungen machen, werden sie eher bereit sein gegebenenfalls weiterführende Unterstützung im Rahmen einer Traumatherapie zuzulassen. Und auch bei einer solchen traumatherapeutischen Bewältigung wird es nicht nur um das gehen, »was zerbrochen ist, sondern ebenso sehr darum, sich daran zu erinnern, wie man es geschafft hat, das erlebte Trauma zu überstehen« (van der Kolk, 2017, S. 255). Auf dem Weg eine eigene Familie zu gründen, können Menschen also überwältigende Situationen erleben, die in die Kategorie eines Schocktraumas fallen. Zu viel – zu schnell – zu plötzlich! Dies sind plakativ ausgedrückt die bestimmenden Merkmale, warum eine Situation traumatisch wirken kann (Levine, 2014). Es ist ebenso notwendig, ein mögliches Entwicklungstrauma zu erkennen. Wenn Menschen sich ein Kind wünschen, beschäftigen sie sich häufig mit der eigenen Herkunftsgeschichte. Dann kann sich ein Zugang öffnen, um sich in einem geschützten Rahmen und vielleicht erstmalig den verwundeten Anteilen der eigenen Kindheit und Jugend zuzuwenden.

Zweite Fallgeschichte: Hanna und Stephan – Einseitiger Kinderwunsch und Paardynamik

»Es ist als seien Perlen durch ein Raster gefallen, und es wird klar.« So verabschiedete sich Hanna nach sechsmonatiger Zusammenarbeit in wechselndem Setting aus Einzel- und Paarsitzungen mit ihrem Partner Stephan. Wohin genau die bisher unerfüllte Sehnsucht nach einem Kind Menschen führen mag, ist zu Beginn des Weges nicht absehbar. Eine grundsätzliche Zuversicht, dass die Mühen am Ende gut investiert sein werden, dieser Vertrauensvorschuss in den Prozess ist notwendig, um die Reise der Selbsterforschung überhaupt beginnen zu können. Und dazu gehört manchmal auch die Beschäftigung mit schweren Erlebnissen in der Biografie. So entdeckte Hanna im Laufe unserer Zusammenarbeit, wie ein traumatisches Ereignis in ihrer Kindheit bis heute ihr Leben beeinflusst. »Ich führe immer Partnerschaften mit Männern, die keine Kinder mit mir bekommen wollen. Das ist wohl auch wieder bei Stephan so, mit dem ich seit knapp zwei Jahren zusammen bin.« So beschrieb Hanna in der ersten Sitzung ihr Dilemma, zu diesem Zeitpunkt ist sie 37 Jahre alt. Erneut hatte sie also einen Partner an ihrer Seite, der für das Thema Familiengründung scheinbar der Falsche war. »Und dieses Mal«, erzählt sie, »ist es sogar noch komplexer: Denn Stephan ist bereits

Vater von zwei Kindern!« Und leise fügt sie hinzu: »Seine Familienplanung ist abgeschlossen, ein weiteres Kind mit mir schließt er definitiv aus!«

Auch biologisch gesehen, hat Hanna mit 37 Jahren nicht mehr die besten Chancen schwanger zu werden, etwa die Hälfte der Frauen sind mit Anfang dreißig bereits subfertil. Dies bedeutet: Bereits zu diesem Zeitpunkt nimmt die durchschnittliche Schwangerschaftsrate pro Zyklus leicht ab. Eine gesunde Frau mit Anfang zwanzig hat also pro Monat etwa eine Chance von 25 % schwanger zu werden, mit etwa 37 Jahren sinkt diese Wahrscheinlichkeit schon durchschnittlich um die Hälfte auf nur noch knapp 13 % pro Zyklus. Doch nicht jeder Kinderwunsch scheitert einzig an den biologischen Voraussetzungen. Häufig liegt es auch daran, dass eine Partnerschaft fehlt. Die fruchtbarsten Jahre verstreichen dann zwischen Verwirklichung im Beruf und der Suche nach Mr. oder Mrs. Right. So ist es auch Hanna viele Jahre ergangen. Beruflich erfolgreich und selbstständig als Texterin in einer Werbeagentur, eingebunden in einen großen Freundes- und Bekanntenkreis, ist sie eigentlich zufrieden mit ihrem Leben. Wenn da nur nicht ihr jahrelang unerfüllter Kinderwunsch wäre. Hanna steckt also mit Ende dreißig bereits zum wiederholten Mal in ihrem Leben in einer Partnerschaft fest, in der sich ihre Sehnsucht nach einem Kind nicht erfüllt. Erst ihre vorige Beziehung war an diesem Thema gescheitert, weil ihr Ex-Freund zuvor keinen Kinderwunsch verspürte. Hatte Hanna anfangs noch die Vorstellung, dass sie sich wohl rein zufällig die falschen Männer aussuchte, schien sich in letzter Zeit eine Ahnung in ihr Gehör zu verschaffen, dass mehr dahinterstecken musste, vielleicht sogar eine Art Muster. Im Rahmen der Kinderwunschberatung wollte sie nun herauszufinden, warum sie sich immer auf Männer einlässt, die kein Kind haben möchten oder ein weiteres Kind mit ihr ausschließen. Hannas wahrgenommene Realität, die systemische Dynamik, lässt sich also so beschreiben:

Intensiver Kinderwunsch
ABER
Wiederholte Entscheidung für Partner, die eine (weitere) Familienplanung ablehnen

Die systemische Hypothesenbildung eröffnet eine komfortable Situation, da es durch sie ermöglicht wird, sich der Wirklichkeitskonstruktion eines Menschen zu nähern. Wenn die wahrgenommene Realität ohnehin abhängig von der individuellen Betrachtungsweise ist, dann gibt es also mehrdimensionale Deutungsmöglichkeiten. Zu Beginn eines systemischen Beratungsprozesses ist es aus diesem Grund so gewinnbringend, den Sack weit aufzumachen. Die ersten Überlegungen und Hypothesen, um Hannas Welt zu erfassen, waren folgende:

- Hannas biologische Uhr scheint so laut zu ticken, dass der Partner an ihrer Seite nicht mehr glauben kann, dass es tatsächlich um ihn als Person und nicht lediglich um ihn als potentiellen Kindsvater geht.
- Je mehr Hanna die Männer drängt, desto weniger kooperieren sie. Kennt sie diese Dynamik bereits und wenn ja aus welchem Zusammenhang?
- Das Thema Selbstwert ist berührt. Hanna hört: »Ich will kein Kind mit dir!« Sie geht davon aus, dass ihre Partner nur mit ihr persönlich kein gemeinsames Kind bekommen möchten.
- (...)

Während einer systemischen Beratung- oder Therapie geht es letztlich auch darum, die Geschichten, die Klientinnen und Klienten über sich selbst erzählen, neu zu erfinden. Während eines solchen Prozesses und auch in Folge einer biografischen Auseinandersetzung geschieht eine Würdigung des Erlebten. Auf diese Weise ist ein tieferes Verständnis möglich, wie sich Überzeugungen entwickelt haben. Für das Leben im Hier und Heute können dann neue Sinnzusammenhänge entstehen, die zu einer Neubewertung führen und das Leben perspektivisch erleichtern. Dabei ist es vielversprechend, sich mit wiederkehrenden Konstellationen zu beschäftigen.

Prüfung wiederkehrender Konstellationen
- Liegt eine Reinszenierung vor, also eine unbewusste Wiederbelebung von Mustern aus der bisherigen Lebensgeschichte?
- Erscheint ein Thema hinter dem Thema?
- Ist das Problem ein Lösungsversuch?
- Besteht ein Hindernis für eine Veränderung?
- Muss etwas geschützt werden?
- Gibt es einen (verdeckten) Gewinn?

Ein einseitiger Kinderwunsch hat das Potential, eine Paarbeziehung zu erschüttern. Der Wunsch nach einer Familie ist nicht losgelöst von der Sehnsucht nach einem anderen Leben und gewissermaßen nicht frei von Vorstellungen über das Leben der Anderen. An dieser Schnittstelle zwischen individueller Lebensgestaltung und dem Wunsch nach Teilhabe kann sich eine Liebesbeziehung zerreiben. Wenn Paare aufgefordert sind, ein neues gemeinsames »Drittes« miteinander zu gestalten, so wie es der Paartherapeut Hans Jellouschek als charakteristische Dynamik im Verlauf von Partnerschaften beschreibt, dann muss dies selbstverständlich nicht zwingend bedeuten, ein Kind in die Welt zu setzen (2010). Doch bleibt der Kinderwunsch einseitig, wird es für beide perspektivisch um die Frage gehen, welche Werte für das eigene und das gemeinsame Leben bedeutsam sind und sein sollen. An dieser Weggabelung steht das Paar mit einseitigem Kinderwunsch nun also wieder gemeinsam.

Auch Hanna und Stephan rangen um eine Lösung. In sechs Einzelsitzungen mit Hanna und drei gemeinsamen Sitzungen war von Anfang an die Brisanz der Thematik spürbar. Entlastend wirkte auch hier die Grundannahme: Ein Kinderwunsch muss nicht analysiert und hinterfragt werden! Diese wertvolle Haltung half Hanna, aber auch Stephan – lediglich unter umgekehrten Vorzeichen: Wenn also ein Kinderwunsch nicht erklärungsbedürftig ist, dann muss auch nicht interpretiert werden, warum sich jemand kein Kind oder kein weiteres Kind mehr wünscht. Diese Frage, die Hanna Stephan immer wieder gestellt hatte, auf die es sogar Antworten gab, aber für Hanna keine zufriedenstellende Lösung, auf diesen Tanz stiegen wir während des gesamten Prozesses nicht ein. Die Haltung des Nicht-Wissens war hier ein weiser Ratgeber und überhaupt erst die Voraussetzung, um Hanna und Stephan in den Möglichkeitsraum zu führen. So gab es beispielsweise als Hausaufgabe eine Phase des Probehandelns: Wie fühlt es sich für die beiden an, eine Woche lang so zu agieren als wäre das Thema vom Tisch? Für Hanna war dies eine unlösbare Aufgabe. Stephan wiederum wurde in seiner Befürchtung bestätigt, regelrecht auf einem Pulverfass zu sitzen. Schließlich wurden beide angeregt, die Perspektive zu wechseln und aus Sicht ihres zufriedenen altersweisen Ichs auf den jetzigen Punkt in ihrem Leben zurückzublicken, sodass sie sich aus der Zukunft selbst beraten konnten. Der Durchbruch allerdings gelang schließlich, als Hanna sich in Einzelsitzungen mehr und mehr öffnete und ihr Herkunftssystem, ihre Kindheit und Jugend, in den Blick rückte. Als Hanna erzählt, was sie als siebenjähriges Mädchen erlitten hat, ist der Anteil ihres bedürftigen Inneren Kindes spürbar anwesend. Ihr Vater ist tödlich bei einem Autounfall verunglückt. Für das Mädchen von damals ist dieser tragische Tod ein so schwerwiegendes Ereignis, ein Weltenzusammenbruch, der ihr Leben in ein Davor und ein Danach teilt. Hat die kleine Hanna ihre Kindheit bis dahin als behütet und glücklich in Erinnerung, ist nun von einem Tag auf den anderen nichts mehr so wie zuvor. Besonders tragisch: Die kleine Hanna erhält in dieser Situation keinerlei Trost. Ihre Mutter und die älteren Geschwister sind aus eigener Überforderung und Verzweiflung nicht in der Lage, mit dem jüngsten Familienmitglied das Gespräch zu suchen, kindgerechte Worte für das Unerklärliche zu finden. Kein Halt, weder eine Umarmung noch gemeinsame Tränen – eine Familie im Schockzustand. Ihre Mutter selbst in großer Not und Trauer übernimmt nun kaum mehr elterliche Verantwortung. Und dies bedeutet wenig Schutz und Fürsorge für Hanna. Ihr blieb nichts anderes übrig als mit den schweren Gefühlen und offenen Fragen alleine fertig zu werden.

Die Hanna von heute mit dringendem Kinderwunsch und der »ständig falschen« Partnerwahl beschreibt sich selbst als ein »wütendes« Mädchen. Es überrascht nicht, dass sie diese Wut zwar bis heute deutlich spürt, sie aber anderen gegenüber nicht zeigen kann. Die Wut der kleinen Hanna, die häufig eine Vorstufe der Trauer ist, hatte also keinen Raum in einer Familie, die ihr nach dem tödlichen Verkehrsunfall des Vaters keinerlei Halt mehr bot. In der Welt des kleinen Mädchens führte diese wenig nährende Atmosphäre in ihrer Familie schließlich zu der Vorstellung, dass es wohl besser sei, ihre wahren Gefühle für sich zu behalten. Die kleine Hanna entwickelt eine Gegenstrategie: Um weiter in Kontakt mit ihrer Familie zu bleiben, passt sie sich den Erwartungen ihrer Familie an. Sie unterdrückt ihre eigenen Bedürfnisse und übernimmt zu viel Verantwortung und Pflichten für ein kleines Mädchen. Schließlich möchte sie nicht unnötigen Ärger machen und keinesfalls zur Last fallen. Gespiegelt auf die heutige Situation, bewahrheitet sich der Glaubenssatz des jungen Mädchens fatalerweise erneut – und dies 30 Jahre nach dem traumatischen Geschehen in ihrer Kindheit. Die erwachsene Hanna trifft wieder und wieder auf Partner, die ihren elementaren

Wunsch nach Schutz und Geborgenheit nicht erfüllen und keine Familie mit ihr gründen möchten. Hier geschieht also eine fatale Reinszenierung der bekannten Gefühlslage ihrer Kindheit. Meine Bedürfnisse werden nicht beachtet! Wenn ich sie äußere, wirkt dies sogar abschreckend.

Ein Kinderwunsch ist ein existentielles Thema, das prägende Glaubenssätze erschüttern und durch das etwas grundsätzlich Neues gebahnt werden kann. Angesichts dieser Wucht und Tragweite ist auch Hanna nun nicht länger bereit, sich an die Bedingungen anzupassen. Ein nachgeholter Trauerprozess ist nun möglich. Die Sehnsucht des kleinen Mädchens nach Liebe, Geborgenheit und Vertrauen bekommt dadurch erstmals einen realen Platz im Leben der erwachsenen Frau. Diese Erfahrung öffnet Hanna für das, was damals gefehlt hat. Nun kann sie sich die innere Erlaubnis geben, gut für sich selbst zu sorgen, auch wenn daraus schwere Entscheidungen resultieren. Hanna hat schließlich einen solchen Entschluss gefasst und sich von Stephan getrennt – eine schmerzliche Erfahrung, die sich aber für beide im Einklang mit den neu gewonnen Erkenntnissen stimmig und richtig anfühlt.

2.2 Das Innere Kind zwischen Parentifizierung und Individuation

Manchmal sind Menschen nicht mehr in der Lage überhaupt noch Gutes vom Leben zu erwarten, weil sie in ihrer Kindheit und Jugend belastenden oder traumatischen Erfahrungen ausgesetzt waren. Darunter fallen beispielsweise Vernachlässigung, Missbrauch oder Suchterkrankungen im Elternhaus. Die Leidensfähigkeit, die schließlich beim Thema Kinderwunsch erneut bewiesen wird, ist dann entsprechend hoch. Und manchmal öffnet sich durch den sehnlichen

Wunsch, eine Familie zu gründen, überhaupt erst ein Zugang, um sich den verwundeten Anteilen des Inneren Kindes liebevoll und schützend zuzuwenden.

Ein unerfüllter Kinderwunsch fordert häufig zu einer Auseinandersetzung mit der eigenen Kindheit und Jugend heraus. Wenn Wunscheltern ohne ausreichenden Schutz und Fürsorge durch die eigene Mutter und den eigenen Vater aufgewachsen sind, dann haben sie ihrerseits als Erwachsene eine sehr genaue Vorstellung davon, was eine gute Elternschaft ausmacht. Und dies oft aus dem Grund, dass sich die Rollen in ihrer eigenen Kindheit vertauscht haben. Dadurch dass diese Erwachsenen früher als Kinder chronischen Überforderungssituationen ausgesetzt waren, sie Aufgaben der Eltern und manchmal sogar die komplette Sorge für einen oder beide Elternteile übernommen haben, ist es ihnen bereits als Kind in Fleisch und Blut übergegangen, zu funktionieren. Die Gründe für eine solche Entwicklung sind vielfältig, etwa die Alkoholsucht eines Elternteils, psychische Krankheiten, eine Depression oder Überlastung in Folge stark konfliktbehafteter Trennungen und Scheidungsverfahren. Die viel zu frühe Übernahme von Verantwortung geschieht also zu einem Zeitpunkt, als die Wunscheltern von heute selbst noch klein waren. Die Folge ist eine Vertauschung der sozialen Rollen und eine chronische Überlastung des Kindes. In der Familientherapie wird ein solches Geschehen mit dem Begriff der Parentifizierung beschrieben, gemeint ist also eine Entwicklung, in der Eltern dem Kind zu viel Verantwortung aufbürden. So kann die Sehnsucht nach einem Kind mit der Hoffnung verbunden sein, es nun selbst als Mutter oder Vater besser als die eigenen Eltern machen zu wollen. Doch genau dies könnte, prognostisch gesehen, ein schwieriges Unterfangen werden. Menschen, die in ihrer Kindheit nicht ausreichend gespiegelt wurden, zu wenig Kind sein durften, laufen Gefahr, sich später als Eltern wiederum für ihre Kinder regelrecht aufzuopfern. Diese Dynamik folgt einer einfachen Logik: Wenn es im Elternhaus zu einer Rollenumkehr gekommen ist, die eigenen Interessen zurückstehen mussten und das Kind sich im Gegenteil sogar verantwortlich für seine Eltern gefühlt hat, dann wird es einem Menschen mit solchen Kindheitserfahrungen perspektivisch ebenfalls kaum oder nur sehr schwer gelingen, im Zusammenleben mit dem eigenen Nachwuchs nötige Grenzen zu ziehen. Sich selbst Rückzugsräume zu reservieren, fällt dann besonders schwer, ein ohnehin für alle Eltern herausforderndes Thema. Im Alltag als Mutter und Vater zu bestehen, ist eng mit der Fähigkeit verknüpft, gut für sich selbst Sorge tragen zu können. Allerdings wird diese Kompetenz in der auf Effizienz angelegten Leistungsgesellschaft kaum vermittelt und ist deswegen oft nicht ausgeprägt. Im Gegenteil: Die Burn-Out-Kliniken sind voll mit Müttern, die die Doppelbelastung, dem sogenannten Mental Load des Familienalltags und ihre vielfältigen beruflichen und sozialen Verpflichtungen nicht mehr schultern können.

Die ungewollte Kinderlosigkeit hat also das Potential durch die Würdigung der Biografie die Wunden der Vergangenheit offen zu legen, dies sicherlich im Rahmen eines Trauerprozesses, der schließlich darin münden kann, die wertvollen Ressourcen wahrzunehmen, die sich durch eine belastete Kindheit entwickelt haben. Selbständigkeit, Flexibilität und eine hohe Leistungsbereitschaft zum Beispiel, zweifelsohne allesamt Eigenschaften, die einen weit bringen im Leben. Ungewollte Kinderlosigkeit ergibt sich natürlich nicht als Konsequenz einer ungünstigen Ausgangslage im familiären Herkunftssystem. Dies wäre eine banale Verkürzung! Doch Menschen, die als Kinder zu viel Verantwortung für ihre eigenen Eltern übernehmen mussten, haben häufig eine sehr genaue Vorstellung davon, was sie mit positiven mütterlichen und väterlichen Qualitäten verbinden. Faktisch sind sie selbst zwar noch nicht Mutter oder Vater geworden, aber sie haben bereits sehr viel fürsorgliches Verhalten gezeigt. Die Würdigung einer solchen Lebensleistung ist ein wertvoller Prozess.

Frauen und Männer, die in ihrer Kindheit der Hilflosigkeit ihrer Eltern ausgesetzt waren, haben wie ungewollt kinderlose Menschen insgesamt eine große Sehnsucht, mit dem Kind ein richtiges Zuhause zu bilden und in bestimmter Hinsicht angekommen zu sein. (Wippermann, 2020). Der Schritt in das eigene Leben als bewusste Abgrenzung vom Elternhaus ist oft ein starkes Motiv für eine Familiengründung. Wenn nun aber der Kinderwunsch unerfüllt bleibt, können jahrzehntealte, verfestigte Muster ins Wanken geraten. Die eigene Überforderung als Kind kann dann vielleicht zum allerersten Mal im Leben Raum bekommen. Der aktuelle Kinderwunsch wird nun auch als eine Reinszenierung des alten Musters lesbar, sich erneut in der versorgenden Rolle wiederzufinden. Und dies meint im Umkehrschluss leider auch: Wieder einmal Sorge zu tragen für andere und explizit nicht für sich selbst! Die Fragen, die nun aufkommen, entwickeln in vielen Fällen eine transformierende Wucht:
- Wer bin ich ohne die Fürsorge für andere?
- Wer bin ich ohne die projizierte neuerliche Fürsorge für das ersehnte Wunschkind?

Menschen, die als Kinder parentifiziert wurden, in der Kinderwunschberatung zu begleiten, bedeutet, sie gewissermaßen für die Gunst der Stunde zu sensibilisieren. Der heilsame Weg kann über die vielversprechende Beantwortung der Frage führen:
- Was brauche ich eigentlich, bevor ich mich erneut um andere kümmere?

Nicht von ungefähr ist in dem Wort Bedürfnis das Wort dürfen enthalten. Es kann für Menschen, die schon früh in ihrem Leben zu viel

Verantwortung übernehmen mussten, sehr ungewohnt sein, sich selbst in den Mittelpunkt zu stellen, geschweige denn zu spüren, was sie eigentlich für ein glückliches Leben brauchen. Die Wahrnehmung solcher Zusammenhänge kann durch den unerfüllten Kinderwunsch seinen Anfang nehmen, um schließlich die Belastungen einer parentifizierten Kindheit in Balance zu bringen. Dies ist die beste Voraussetzung, um das ersehnte Wunschkind seinerseits wiederum von Vorstellungen und Aufträgen wie einen überladenen Tanker auf hoher See zu entfrachten und dadurch in ruhiges Fahrwasser zu geleiten. Wenn sich dann eine Schwangerschaft einstellt, sind die Schlüsselfaktoren für ein harmonisches Familienleben bereits eingeübt: Eigene Grenzen wahrzunehmen und zu verteidigen. So gesehen, ist es hilfreich, wenn ein solcher Entwicklungsprozess noch vor der Familiengründung stattfindet. Ist das Kind erst einmal auf der Welt, wird vorerst kaum die Zeit bleiben, tiefgreifende Verhaltensmuster zu verändern. Dies ist sicherlich auch ein wesentlicher Grund, warum so viele Partnerschaften und Ehen explizit nicht an der ungewollten Kinderlosigkeit, aber im ersten Jahr mit Kind scheitern. Keine Frage: Wünschenswert wäre eine solche Auseinandersetzung natürlich für alle Menschen auf dem Weg zur Elternschaft.

2.3 Die Sehnsucht als Fingerzeig für das Leben im Augenblick

Die Wucht eines Kinderwunsches ist für Menschen, die nicht von diesem Lebensereignis betroffen sind, nur bedingt vorstellbar. Das erträumte Kind, das seinen Platz noch nicht auf Erden eingenommen hat, wird zunehmend zum zentralen Lebensthema; paradoxerweise wird es in seiner Absenz umso realer. Die Trauer um das ersehnte Kind ist mit dem Verlust eines tatsächlichen Familienmitglieds zu vergleichen – ein Phantomschmerz. Die Folgen sind Rückzug aus dem sozialen Umfeld, Selbstzweifel und zunehmende Gefühle der Isolation. Frauen und Paare, die schließlich Unterstützung durch eine Kinderwunschberatung zulassen, sprechen dann über ihre Erfahrungen in vielen Fällen häufig erst nach leidvollen Jahren. Dies bedeutet für die ratsuchenden Menschen, vielleicht erstmalig eine Zeugenschaft dieser ihren Alltag bestimmenden inneren Lebenswelt zuzulassen. Menschen in dieser anstrengenden Phase zu begleiten, bedeutet ihr Leid anzuerkennen, aber auch die Gestaltung der Gegenwart wieder in den Blick zu nehmen. Unabhängig davon, ob Wunscheltern schließlich ein leibliches Kind bekommen, sie alternative Wege wie eine Gametenspende erwägen oder sich auf die Frage einlassen, wie ein erfülltes Leben ohne Kind aussehen kann. Dieser innere Kampf kann beendet werden, indem die schweren Gefühle der Ungewissheit – Angst und Zweifel – einen Platz bekommen und nicht länger bekämpft werden müssen. Dieses Weghabenwollen ist ein zutiefst menschliches Bestreben, aber letztlich ein hoffnungsloses, kräftezehrendes Unterfangen, das nicht funktionieren kann. Zur Veranschaulichung dieser Dynamik hat sich in Anlehnung des methodischen Vorgehens in der Akzeptanz- und Commitment-Therapie (ACT) die bereits erwähnte Wasserball-Metapher bewährt (S. 26 f.).

Es ist also möglich, Akzeptanz zu erlernen und dies setzt an der Wurzel an – der Radix. Die Wasserball-Metapher ist eine Intervention im Geiste der »radikalen Akzeptanz«, ein Konzept in der Dialektisch Behavioralen Therapie. Dieser Ansatz verbindet tiefes Mitgefühl, intuitives Wissen und spirituell motivierte Wertfreiheit (Hayes, Follette u. Linehan, 2004). Ohnmacht, Angst und Trauer sind zweifellos schwere Gefühle in der Kinderwunschzeit. Wer einen Schritt zurücktritt und sich nicht mit diesen Emotionen identifiziert, wird bemerken, wie viel Freiheit gewonnen ist. Sich nicht in das Gefühlschaos verstricken zu lassen, erfordert Übung. Es geht also darum, handlungsfähig zu bleiben, den Widerstand gegen den Schmerz zu beenden, ihn anzuerkennen ohne sich vollends mit ihm zu identifizieren. Es ist ein wirkungsvolles Gegenkonzept zu der zwar so häufig propagierten aber fraglichen »Alles wird gut-Mentalität«. Denn wird alles gut? Wir wissen es nicht!

Hält einen der Kinderwunsch beständig in der Zukunft gefangen, kann sich ein Spalt zur Gegenwart durch die Beschäftigung mit Plan B wieder öffnen. Die Erwägung von Alternativen zum leiblichen Kind gehört von Anfang an zu dem Beratungsprozess bei ungewollter Kinderlosigkeit dazu, dies auch um die Perspektive zu erweitern. Doch Pragmatismus allein genügt selbstverständlich nicht, um sich zwischen einer Adoption, der Aufnahme eines Pflegekindes, einer Gametenspende oder für ein Leben ohne Kind zu entscheiden. Dies würde keinem und letztlich auch dem Wunschkind nicht gerecht werden. Die Erwägung der Alternativen ist ein seelischer Prozess, den jeder für sich allein und schließlich auch das Paar gemeinsam durchläuft. Eine Entwicklung, die Zeit benötigt, die die meisten Kinderwunschpaare allerdings nicht mehr haben, schließlich waren die Jahre des Wartens qualvoll genug. Und in gewisser Weise soll ja nun gerade durch die Erwägung der Alternativen zu einem leiblichen Kind, ein Schlussstrich gezogen werden. Doch das Ganze funktioniert natürlich nicht wie am Reißbrett, die Seele benötigt ebenfalls Raum, damit sie diesen Schritt mittragen kann oder sich der Abschied vom Kind als der individuell richtige Weg herauskristallisiert.

Ein unerfüllter Kinderwunsch ist strapaziös. Heftige Gefühle der Angst sind möglich, dies auch als Reaktion auf einen erlittenen Kontrollverlust, den das Thema auslösen kann. Und diese schweren Gefühle der Ohnmacht können gänzlich neu sein. In vielen Fällen ist kein passendes Handwerkszeug vorhanden, um angemessen reagieren zu können. Denn eine neue Situation erfordert auch eine andere Art des Umgangs, sodass neue Bewältigungsstrategien entwickelt werden können. Letztlich wird in der systemisch ausgerichteten Kinderwunschberatung ein Lern- und Entwicklungsprozess angeregt, der in verschiedenen Phasen verläuft.

Lern- und Entwicklungsprozess in der systemisch ausgerichteten Kinderwunschberatung

1. Die unbekannten Gefühle der Ohnmacht und des Kontrollverlustes explorieren.
2. Die ambivalente Seite der Hoffnung vorstellen.
3. Neue Bewältigungsstrategien kennenlernen.
4. Den inneren Kampf beenden.
5. Den Alltag lebenswert gestalten.

Und natürlich ist das gegenwärtige Leben für Menschen im akuten Kinderwunsch auch weiterhin damit verbunden, sich ein Kind zu wünschen. Dieser Lebenstraum soll auch nicht in Frage gestellt werden, aber es ist möglich, den Tunnelblick zu erweitern. Dies gelingt, indem durch einen zweigleisigen Prozess auf der einen Seite die Lebensqualität im Hier und Heute gesteigert wird und auf der anderen Seite von Beginn an die Möglichkeiten der Reproduktionsmedizin und gegebenenfalls der alternativen Familienplanung exploriert werden.

Dritte Fallgeschichte: Ehepaar Weiß – Kinderwunsch und Adoption

»In der Reproduktionsmedizin ist es wie beim Würfeln. Die Chance eine Sechs zu würfeln, beträgt Eins zu Sechs. Wenn nach fünf Versuchen keine Sechs gefallen ist, wird die Chance auf eine Sechs im sechsten Versuch nicht steigen. Sie beträgt auch nach dem sechsten Versuch immer noch Eins zu Sechs.« Diese relativierende Einschätzung über die sogenannte kumulative Schwangerschaftsrate war hilfreich für Gabriele Weiß, die zu diesem Zeitpunkt 34 Jahre alt ist und an einem Wendepunkt in ihrem Leben steht. Gemeinsam mit ihrem Mann Michael blickt sie inzwischen auf den fünften erfolglosen IVF-Versuch und sucht nun im Rahmen der Kinderwunschberatung nach einer unabhängigen Orientierung. Im Kinderwunschzentrum hatte ihr der behandelnde Arzt erklärt, dass sie die Chancen schwanger zu werden durch die Anzahl der absolvierten Behandlungen erhöhen wird. Der sechste Versuch stand im Raum. Doch was leider in diesem Zusammenhang häufig nicht zur Sprache kommt: Selbst beim hundertsten Versuch beträgt die sogenannte Baby-Take-Home-Rate, also die Wahrscheinlichkeit mit einem Baby nach Hause zu gehen, nie 100 %.

Gabriele Weiß weint, als sie von dem Abort in der achten Woche beim vorletzten Versuch erzählt. Sie weiß nicht, was sie davon halten soll, dass im Kinderwunschzentrum darin der Beleg gesehen wird, dass sie überhaupt schwanger werden könne. Ihre leichte Endometriose sei ja inzwischen auch operativ entfernt und dies sei doch eine medizinisch gute Voraussetzung, um weiterzumachen. Der Reproduktionsmediziner empfiehlt dem Ehepaar also den nächsten Versuch. Doch Gabriele Weiß und ihr Mann sind erschöpft. Inzwischen sind vier Jahre vergangen, indem sie versuchen, ein Kind zu bekommen. Ihr Auftrag für die Kinderwunschberatung: Herausfinden, ob die Adoption eines Kindes ein Weg für sie sein könnte, doch noch Eltern zu werden. Wenn es trotz aller medizinischen Möglichkeiten keine Garantie für den Lebensentwurf Familie gibt, kann der Plan B zwar Ängste auslösen, tatsächlich ist er aber ein Anker auf stürmischer See. Die Verheißung auf Erfolg beim nächsten Versuch gilt es zu hinterfragen, weil diese Suggestion eine Auseinandersetzung mit potentiell in Frage kommenden Alternativen zu einem leiblichen Kind verzögert oder gänzlich verhindern kann. Die Reflexion über das Thema Grenzen ist aber die Grundvoraussetzung für die rechtzeitige Beschäftigung mit der Frage, ob eine Alternative zum leiblichen Kind vorstellbar ist, sei es die Adoption, die Aufnahme eines Pflegekindes oder die Erwägung einer Gametenspende mit all den spezifischen Fragestellungen. Dies alles benötigt Zeit, setzt einen Prozess voraus, an dessen Ende auch der bewusste Entschluss stehen kann, ein Leben ohne Kind zu gestalten. Es ist menschlich, Entscheidungen hinauszuzögern. Viele der Frauen und Männer haben sich in dieser Lebensphase inzwischen an ein zyklisches Wechselbad der Gefühle aus Hoffnung und Enttäuschung gewöhnt und verfügen über eine immense Leidensfähigkeit. Ein Plan B ist in diesem Modus des Kämpfens nur schwer vorstellbar. Schließlich will man zu einem späteren Zeitpunkt im Leben das Gefühl haben, alles für diesen Lebenstraum gegeben zu haben. Die Folge: Mehr von demselben – Versuch um Versuch. Die Kehrseite einer solchen Dynamik: Die potentielle Möglichkeit des Scheiterns wird ausgeblendet. Weiterkämpfen um jeden Preis. Dies kann Jahre dauern und trotzdem nicht zu dem gewünschten Kindersegen führen, so bedauerlich dies ist. Und in diesem Sinne mag zwar die Empfehlung konfrontativ wirken, mit den Frauen und Paaren von Anfang an im Rahmen der Kinderwunschberatung über den Plan B zu sprechen. Letztlich eröffnet ein solches Vorgehen neue Gestaltungsräume. Dabei geht es jedoch keinesfalls um einen falsch verstandenen Pragmatismus, den die Paare häufig von Seiten des sozialen Umfelds zu hören bekommen: »Dann adoptiert doch einfach.« Doch »einfach« ist es eben nicht, auch wenn die Offenheit für diesen Weg groß ist. Untersucht ist, dass sich 49 % der aktuell kinderlosen Frauen zwischen dreißig und 39 Jahren künftig vorstellen können, ein Kind aus dem Inland zu adoptieren, bei den Männern sind es in dieser Altersspanne knapp 40 %. Damit ist die Inlandsadoption die favorisierte Möglichkeit, mit Hilfe Dritter eine Familie zu gründen. Der gesamte Themenbereich Gametenspende schneidet im Vergleich dazu viel schlechter ab und liegt bei Frauen und Männern weit abgeschlagen bei Werten unter 20 % (Wippermann, 2020). Wenn Menschen beginnen, Alternativen zu erwägen, bedeutet dies gleichzeitig auch einen Trauerprozess um das leibliche Kind. In der zweiten Sitzung, in der Gabriele Weiß schließlich ihren Mann mitbringt, fließen dann auch viele Tränen – allerdings nur bei ihr. Und passend dazu beschreibt auch Michael Weiß seine Gefühlslage: »Ich will der starke Mann für sie sein. Es soll ihr wieder besser gehen!« In dieser Rolle sehen sich die meisten Männer: Sie tragen ihre Frauen sinnbildlich auf ihren starken Schultern durch die Kinderwunschzeit – häufig bis zur eigenen Erschöpfung, die sie aber selbst kaum wahrnehmen. Und manchmal, wie bei Michael Weiß, stecken dahinter alte in der eigenen Kindheit entwickelte Glaubenssätze, die dann angesichts der ungewollten Kinderlosigkeit eine neue Dynamik entfalten. Der kleine Junge Michael kannte auf jeden Fall das Gefühl nur allzu gut, Verantwortung für seine Mutter übernehmen zu müssen, bei der er nach der Scheidung aufgewachsen ist. Die Frage, was ihm denn damals gutgetan hätte, löst Verwirrung aus. Der erwachsene Mann kann sie nicht beantworten. Hilfreich für Michael Weiß ist nun die Unterstützung seiner Frau, die ihrerseits erstmals auch den bedürftigen Anteil ihres Mannes wahrnimmt. »Seine Schwäche hilft mir auch, mich selbst nicht so schwach zu fühlen!« Diese Einsicht, die Gabriele Weiß nun äußerte, war schließlich die Grundlage für ein größeres Verständnis füreinander. Michael Weiß gelang es schließlich, wieder mehr in Kontakt mit seinen Gefühlen zu kommen und über seine Trauer zu sprechen, die in Form eines imaginierten schwarzen Raben im Beratungsraum zu Beginn einer jeden Sitzung seinen Platz einnehmen konnte. Dieser externalisierte Rabe wurde größer oder kleiner, tauchte mal mehr an seiner Seite und dann wieder in der Nähe seiner Frau auf, und er konnte auch davonfliegen. Auf diese Weise fand die Trauer während des gesamten Beratungsprozesses ihren Platz. Es ist legitim, wenn sich die Dinge parallel entwickeln. Ein Paar kann also zweigleisig fahren und während eines weiteren Versuchs im Kinderwunschzentrum ein Buch über das Thema Adoption lesen oder zu einem persönlichen Erfahrungsaustausch mit Pflegeeltern Kontakt aufnehmen. Konkretisieren sich dann aber die Pläne für eine Adoption oder die Aufnahme eines Pflegekindes, wird dieses Vorhaben nur sinnvoll sein, wenn der akute Trauer- und Abschiedsprozess um das leibliche Kind bewältigt ist. Die Behandlung im Kinderwunschzentrum sollte dann also abgeschlossen sein und die Fachkraft im Jugendamt die Verarbeitung des Geschehens erkennen können. Diese Voraussetzung ist mit Blick auf das zukünftige angenommene Kind auch verständlich. Nun verändert sich der Fokus: Gesucht wird dezidiert kein passendes Kind für die Wunscheltern, benötigt werden geeignete Eltern für ein bedürftiges Kind.

Das Ehepaar Weiß ist fünf Monate nach der letzten Kinderwunschbehandlung soweit und meldet sich beim zuständigen Jugendamt, um den Prozess der Eignungsprüfung und Vorbereitung für eine Inlandsadoption zu beginnen. Dies auch in dem Wissen das Kind über seine Geschichte aufzuklären, denn heutzutage werden gänzlich anonyme Formen der Adoptionsvermittlung möglichst vermieden. Adoptiveltern werden dafür sensibilisiert, das Kind mit den schweren Teilen seiner Lebensgeschichte vertraut zu machen – dies von Beginn an im Rahmen der sogenannten Wickeltischaufklärung als einer Möglichkeit der Biografiearbeit. Kognitiv versteht das Baby natürlich nicht, wovon die Rede ist. Doch der Austausch auch über die schweren Ereignisse im Leben des Kindes wird auf diese Weise ein selbstverständlicher und alltäglicher Bestandteil seiner Identität und des familiären Zusammenlebens (Lattschar u. Wiemann, 2018). Wenn die traumatischen Teile der Lebensgeschichte frühzeitig in das Selbstbild des Kindes integriert werden, kann die Wunde – und nichts anderes meint Trauma in der ursprünglich altgriechischen Wortbedeutung – heilen. Auch das Ehepaar Weiß half während der Überprüfung im Jugendamt die weitere Begleitung im Rahmen der Kinderwunschberatung, um sich in freier Atmosphäre über Fragen und Ängste im Zusammenhang mit der Aufnahme eines Kindes auszutauschen. Sich in das verlassene und angenommene Kind durch einen Perspektivenwechsel einzufühlen, sensibilisierte sie für die Botschaften des verletzten Kindes.

Perspektivenwechsel: Botschaften des verlassenen und angenommenen Kindes

- Meint ihr es ernst mit mir?
- Mal sehen, wie weit ich gehen kann?!
- Ich will mich nie mehr ohnmächtig fühlen.
- Ich sorge dafür, dass ihr mich nie wieder übersehen könnt.
- Vertrauen ist gut, Kontrolle ist besser.

Wenn diese Einfühlung in das Kind gelingt, dann ist der erste Schritt getan, um konstruktive Lösungen für das Miteinander als Pflege- oder Adoptivfamilie zu finden, die vor allem in der Stärkung des Selbstwerts des Kindes liegen und eher nicht in der Erziehung durch Bestrafung zu finden sein werden. Das Wissen über wichtige Unterschiede in der Begleitung eines angenommenen Kindes im Vergleich zu einem leiblichen Kind hatte schließlich einen großen Effekt auf Gabriele Weiß, die selbst in ihrer Kindheit unter unverhältnismäßigen Bestrafungen gelitten hatte. Sich diese schmerzvollen Erfahrungen genauer anzusehen, hatte sie bisher vermieden, sodass sie schließlich angesichts der Beschäftigung mit einem sinnvollen Erziehungsverhalten bei Adoptivkindern auch in Berührung mit ihrer eigenen Geschichte kam. Die kleine Gabriele hätte damals ebenso anstatt der Strafen mehr Schutz und Fürsorge benötigt. Nach einem gut einjährigen Beratungsprozess und einem weiteren Jahr des Wartens adoptierte das Ehepaar Weiß schließlich ein kleines Mädchen. Es ist nur wenige Tage alt und in einem Krankenhaus von seiner leiblichen Mutter entbunden und zur Adoption freigegeben worden.

2.4 Anonymität und Tabu im Rahmen der Gametenspende

Gute Beratung von Menschen mit Kinderwunsch beinhaltet stets die Anregung und Begleitung eines Prozesses auf verschiedenen Ebenen. Zuvor geht es aber erst einmal darum, die Lebenswelt der Frauen und Paare anzuerkennen. Schließlich verspricht jeder neue Zyklus neues Glück. Paradoxerweise verengen sich demnach mit jeder enttäuschten Hoffnung die Gedanken und Gefühle, wie der Traum vom Kind doch noch realisiert werden kann, weiter auf das sehnsüchtige Ziel. Ein Leben ohne Kind scheint unvorstellbarer als zu Beginn des Weges, gerade wenn es trotz aller persönlichen und finanziellen Anstrengungen auch mit Hilfe der Reproduktionsmedizin nicht klappen mag. Nach oftmals jahrelangen Bemühungen und nicht endenden Enttäuschungen können schließlich neue Gedanken Form annehmen, zum Beispiel den Schritt ins Ausland zu wagen, um dort eine anonyme Eizellspende oder Leihmutterschaft in Anspruch zu nehmen.

Diese Möglichkeiten bieten sich im Rahmen eines internationalen Kinderwunschmarktes; auf diesem wird aus der Wunschvorstellung der vermeintlichen Machbarkeit auch Profit geschlagen und das geplante Kind läuft Gefahr mehr als Ware gehandelt zu werden, als in seinen unveräußerlichen Kinder- und Menschenrechten respektiert zu werden. Die Perspektive des Wunschkindes von Anfang an einzubeziehen, wird das künftige Familiensystem auf ein stabiles

Fundament stellen. Aufschlussreiche Einsichten erhalten wir auch, wenn wir Menschen zuhören, die selbst mit Hilfe einer anonymen Samenspende gezeugt und über ihre Herkunftsgeschichte aufgeklärt wurden. Inzwischen sind bereits viele dieser »Spenderkinder«, wie sie ihren Interessenverband benannt haben, erwachsen geworden. Und so engagieren sie sich als Betroffene politisch und juristisch gegen anonyme Formen der Gametenspende – und dies mit Erfolg. In einer grundlegenden Reform der Samenspenderbehandlung ist in dem Samenspenderregistergesetz von 2018 das Auskunftsrecht in Deutschland nun gesetzlich verankert, ein wichtiger Durchbruch für die mit Hilfe Dritter und durch eine Samenspende gezeugten Kinder. Sie haben nun das Recht nach Vollendung des 16. Lebensjahres Auskunft über die dort gespeicherten Daten des Samenspenders in Erfahrung zu bringen. Diese werden einhundertzehn Jahre lang verwahrt, so lange wie die maximale Lebenserwartung eines Menschen. Vor einer solchen Auskunft empfiehlt das zuständige Bundesinstitut für Arzneimittel und Medizinprodukte eine spezifische Beratung. Auf welche Weise Menschen die Tatsache verarbeiten können, mit Hilfe einer Samenspende gezeugt worden zu sein, ist individuell. Seiner Wahlmöglichkeit beraubt zu werden, die Identität des Samenspenders in Erfahrung zu bringen, kann aber zum alles dominierenden Lebensthema für die auf diese Weise gezeugten Menschen werden und das gesamte Familiensystem sehr belasten. Vor diesem Hintergrund ist die Rechtssicherheit durch das reformierte Samenspenderregistergesetz, die Identität des Spenders in Erfahrung bringen zu können, ein wichtiger Meilenstein. Allerdings geht diese Novellierung einigen Betroffenen noch nicht weit genug, sie fordern, den Namen des Samenspenders in die Geburtsurkunde des auf diese Weise gezeugten Kindes einzutragen, auch um später Verwandtschaftsverhältnisse zu Halbgeschwistern erkennen zu können. Die Wahlfreiheit der Wunscheltern, das Kind aufzuklären oder eben auch nicht, wäre damit obsolet. Doch selbst eine solche verlässliche Information würde zu kurz greifen, um sie als selbstverständlichen Teil der eigenen Biografie anzusehen. Aus diesem Grund ist es so wertvoll, bereits das Paar, das eine Familienbildung mit Hilfe Dritter plant, zu ermutigen selbstbewusst zu dem Weg zu stehen, den sie gewählt haben (Thorn, 2014). Denn das Wunschkind von einst wird mit 16 Jahren vielleicht gerne die Identität des Samenspenders erfragen und diesen Teil seiner Biografie näher erkunden. Dann ist es gut, wenn die Eltern dies nicht in ihrem Selbstverständnis antastet, sie im Gegenteil fest im Sattel sitzen, weil sie von Beginn an und im weiteren Verlauf den Samenspender als Systemmitglied der Familienbildung würdigen und ihm einen angemessenen Platz in der Lebenswelt des Kindes einräumen.

Systemikerinnen und Systemiker sind geübt darin, die verschiedenen Seiten einer Situation zu sehen und zu berücksichtigen, allem voran die Lebensrealität der Klientinnen und Klienten zu verstehen und anzuerkennen. Gleichzeitig wird es bei den Vorüberlegungen im Rahmen einer Gametenspende von Anfang an um die Interessen und Rechte eines mit Hilfe Dritter geplanten Kindes gehen, sodass ethische und auch moralische Fragestellungen berührt sind. Denn im Unterschied zur Adoption eines Kindes, das einen neuen Platz in einer Familie benötigt, unterscheidet sich eine Gametenspende von Anfang an durch die Kategorie der Planbarkeit. Eine Samen-, bzw. Eizellspende oder eine Embryonenspende/-adoption ist genauso wie eine Leihmutterschaft ein geplantes Vorhaben, um sich als Paar gemeinsam oder auch als Einzelperson alleine, etwa als Solo-Mutter, einen Kinderwunsch zu erfüllen. Und diese Planung findet in einem juristischen Kontext nationaler wie internationaler Art statt, in dem Verfahren erlaubt sind, die in Deutschland wie die Eizellspende oder Leihmutterschaft zwar illegal sind, aber gleich im benachbarten europäischen Ausland, in Ländern wie Österreich, Tschechien, Spanien oder in der Ukraine realisiert werden können. Auch wenn die Paare in Deutschland strafrechtlich nicht verfolgt werden, kann in der Beratungssituation die Bedeutung dieses Verbots reflektiert und mögliche Fragestellungen, die für das Kind später bedeutsam werden können, antizipiert werden. Angesichts von anonymen Formen der Gametenspende wird es also für das geplante Kind nicht möglich sein, die Identität der Eizellspenderin in Erfahrung zu bringen mit all den Implikationen, die sich daraus ergeben können. Eine Familie zu planen, die sich gar nicht oder nur teilweise auf die Weitergabe des eigenen Erbguts gründet, bedeutet systemisch gesehen also eine Erweiterung des Personenkreises, der an der Familienbildung beteiligt ist und für das Kind in seiner Entwicklung relevant werden kann. Das Narrativ, das bereits schon jungen Kindern in Form speziell für sie entwickelter Aufklärungsbücher angeboten wird, ist dann das einer lieben Frau bzw. eines netten Mannes, durch deren Geschenk einer Samen- oder Eizelle die Familiengründung überhaupt erst ermöglicht wurde. Zu einem späteren Zeitpunkt werden sich die Kinder vielleicht aber fragen, welche Rolle dabei auch finanzielle Interessen gespielt haben, sodass die Kinderwunschberatung im Vorfeld zusätzlich dazu dient, die Wunscheltern aus Sicht des geplanten Kindes für diese Zusammenhänge und Implikationen zu sensibilisieren. Zertifizierte beraterische und therapeutische Fachkräfte der Deutschen Gesellschaft für Kinderwunschberatung (BKiD) können diese Beratungsleistung erbringen. Zwar werden durch die behandlungsunabhängige psychosoziale Kinderwunschberatung bisher nur 4 % der ungewollt kinderlosen Frauen erreicht und nur sehr selten alleinstehende Männer, allerdings zeigen die Erfahrungen aus der Praxis, dass die Nachfrage kontinuierlich steigt (Wippermann, 2020). Inzwischen kommen sogar die Eltern in Beratung, die im Nachgang ihrer Familienbildung mit Hilfe Dritter konkrete Unterstützung bei der Aufklärung ihrer Kinder suchen.

Ein Vater vereinbarte angesichts der bevorstehenden Scheidung von seiner Frau einen Termin bei einer Kinderwunschberaterin. Die Verhandlungsmasse war nichts Geringeres als die Aufklärung des dreizehnjährigen Sohnes über seine Entstehung durch eine anonyme Eizellspende. All die Jahre respektierte der Vater die Bitte seiner Frau, ihren Sohn nicht über die Eizellspende aufzuklären, nun aber erschien ihm ein solches Familiengeheimnis nicht mehr angemessen. Der Junge hätte doch in einer solch wichtigen Frage Ehrlichkeit verdient. Die Würdigung seiner Absicht, den Sohn durch die Aufklärung näher an sich zu binden, ermöglichte es schließlich den Zeitpunkt seines Vorhabens angesichts der Scheidung zu hinterfragen. Seine Frau in dieser ohnehin schwierigen familiären Situation in ihrer Mutterrolle anzutasten, erkannte der Vater nun selbst als Schieflage. Er sah schließlich davon ab, die Aufklärung des Sohnes im Gefecht der Scheidung zu instrumentalisieren. In einem anschließenden gemeinsamen Beratungsprozess gelang es vorerst die Paarebene zu beruhigen, um schließlich die Modalitäten der Trennung zu besprechen und eine gute Ausgangsbasis für den Sohn zu schaffen. Die dabei austarierten Rahmenbedingungen bildeten dann ein gutes und stabiles Fundament für den neuen Alltag, um den Sohn behutsam über die Familienbildung mit Hilfe der anonymen Eizellspende vertraut zu machen. Unterstützend wirkte dabei auch die Sensibilisierung für seine Ressourcen, die ihm bereits den Umgang mit der Trennung seiner Eltern erleichtert hatten und auf die er nun wieder zurückgreifen konnte.

Die Arbeit mit dem Familienbrett war auch bei diesem Familiensystem hilfreich, um die Beziehungsdynamiken zu visualisieren. Es sollte Beraterinnen und Berater nicht überraschen, dass bereits die Frage, welche Personen auf dem Familienbrett mit einer Figur symbolisiert werden sollen, zu Irritationen führen kann. Wo wäre ein guter Platz für die Frau, die die Eizelle gespendet hat? Lässt sich dieser Standort auch verändern und wenn ja wodurch? Und genau solche sich offenbarenden Fragezeichen, die bislang nur unterschwellig eine Rolle gespielt haben, können nun für den Reflexionsprozess im Rahmen einer Familienbildung mit Hilfe Dritter genutzt werden. Bekommt der Samenspender eine Figur und damit einen eigenständigen Platz auf dem Familienbrett? Warum fühlt es sich vielleicht erst einmal sicherer an, auf dem Familienbrett ein Symbol für die Samenspende als für die Person des Samenspenders selbst zu verorten? Und aus Sicht des mit Hilfe Dritter geplanten bzw. geborenen Kindes, wie sieht es dann aus? So viel lässt sich vorwegnehmen: Den einen festen und angestammten Platz wird es für die an der Familienbildung beteiligte dritte Person weder symbolisch auf dem Familienbrett noch im realen Leben geben. Wird diese Position aber von Anfang an gewürdigt und als selbstverständlicher Teil in die Familiengeschichte integriert, wird auch das Wunschkind diesen Baustein seiner Identität respektieren und annehmen können.

2.5 Perspektivenwechsel Wunschkind

Das Wunschelternpaar anzuregen, Entscheidungen nicht nur aus ihrer Sicht zu treffen, sondern auch transgenerational aus einer Perspektive der Verantwortung dem Wunschkind gegenüber, führt zu einem Wechsel der Ebenen und einer realistischen Betrachtungsweise. Sich dabei als Beratungsfachkraft zu vergegenwärtigen, dass es keinesfalls die Intention ist, den Wunscheltern etwas zu nehmen, ist dabei von großem Wert. Ganz im Gegenteil – schließlich geht es um das große Ganze, das zukünftige Familienleben. In der Kinderwunschberatung können solche Entwicklungen antizipiert und reflektiert werden, dabei geht es um das Kennenlernen der Interessen der Wunscheltern und die Sensibilisierung für die Bedürfnisse des

Kindes. Dies wird durch Exploration der bisherigen und imaginierten Lebenswelt gelingen und während der Beratung durch folgende Interventionen prozesshaft ablaufen.

Interventionen in der systemisch ausgerichteten Kinderwunschberatung

- Die Trauer zulassen.
- Den Wunsch nach Veränderung nutzen.
- Die mit dem Kind verbundenen Werte würdigen.
- Die Aufträge an das Wunschkind entfrachten.
- Das Mitgefühl für sich selbst entwickeln.
- Die Selbstfürsorge erhöhen.
- Die Alternativen zum leiblichen Kind reflektieren.
- Die Perspektive des Wunschkindes einbeziehen.
- Die Zukunft ohne Kind ausloten.

All die zu treffenden Entscheidungen setzen eine belastbare Haltung voraus und werden letztlich persönlicher Prägung sein – doch nicht ausschließlich. Gemeinsam mit dem Paar eine solche Vision zu entwickeln, bedeutet eben auch die Belange des Kindes unter Einbeziehung seiner unveräußerlichen Kinder- und Menschenrechte in den Beratungsprozess einzubeziehen. Seine genetische Herkunft zu kennen, ist ein Persönlichkeitsrecht des Menschen, das hat das Bundesverfassungsgericht 1989 auf nationaler Ebene entschieden. Zu den Rechtsgrundlagen auf internationaler Ebene zählen Artikel 8 der UN-Kinderrechtskonvention zum Schutz der Identität des Kindes sowie das Haager Adoptionsübereinkommen. Die vielfältigen Erfahrungen aus dem Adoptionswesen können im Bereich der Gametenspende als wertvolle Richtschnur dienen. Gänzlich anonyme Formen der Adoption werden heutzutage nach Möglichkeit vermieden. Doch es gibt Notlagen: Wenn Frauen in einem Krankenhaus anonym entbinden oder aber eine Babyklappe nutzen, dann bleibt die Identität der leiblichen Eltern für das Kind für immer verborgen. Hilfreich ist dann Biografiearbeit, um bereits frühzeitig die schweren Teile eines Lebensweges prozesshaft aufzuarbeiten. Die Intention des 2021 verabschiedeten Adoptionshilfe-Gesetzes ist eine verbesserte nachgehende Beratung der Adoptivfamilien durch fachlich spezialisierte Fachkräfte, um den offenen Umgang mit der Adoption weiter zu fördern. Menschen, die durch eine Inlandsadoption oder die Aufnahme eines Pflegekindes eine Familie gründen, können in der Regel auf den Respekt des sozialen Umfeldes bauen. Bei einer Auslandsadoption sieht dies schon anders aus, Vorstellungen von üblen Machenschaften und kriminellem Kinderhandel sind übliche Vorurteile der Laienöffentlichkeit. Dann ist es gut, wenn Adoptiveltern gestärkt werden und wissen, wie sie stichhaltig argumentieren und ihre Privatsphäre und die des Kindes schützen. So können sie auf die Zusammenarbeit mit verlässlichen Auslandsvermittlungsstellen setzen und die Geschichte und Biografie des Kindes möglichst umfassend in Erfahrung bringen. Der Bezug zum Herkunftsland ist dabei eine wertvolle Quelle, um später zum Beispiel durch gemeinsame Reisen Kontakt zu diesem Teil der Identität des Kindes aufzunehmen. Die Gewissheit, für ein Kind Familie zu sein, welches überhaupt nur durch eine Adoption die Chance haben wird, in einer Familie aufzuwachsen, ist einer der wertvollen Momente für das Selbstvertrauen von Adoptiveltern. Diese Geschichte des langen weiten Weges kann später dem Kind als Ressource dienen, auf dieser Welt erwünscht zu sein. Eine solche Erfahrung, Teil eines Plan B zu sein, ist nicht auf alternative Familienformen beschränkt. Viele Eltern in Trennungssituationen leben tagtäglich einen Plan B. Sie tragen Sorge dafür, ihren Kindern nun in neuer Form weiterhin Familie zu sein, sei es als alleinerziehendes Elternteil oder in einer Patchwork-Konstellation. Wer seine eigene Trauer, Sorgen und Ängste durch die ungewollte Kinderlosigkeit gut verarbeitet hat, kann sich den Herausforderungen im Rahmen einer alternativen Familienbildung angemessen und selbstbewusst stellen. Eine klare und eindeutige Haltung wirkt sich unmittelbar auf das Gegenüber aus. Und genau dies ist gemeint, wenn Wunscheltern im Rahmen der Kinderwunschberatung für die Bedeutung ihrer Haltung sensibilisiert werden. Dieses Ringen um gute Entscheidungen für eine Zukunft mit Kind ist zweifelsohne mit Anstrengung verbunden. Doch ist diese Vorarbeit geleistet, wird das spätere Zusammenleben in der Familie vereinfacht. Diesen Weg zu finden, wird aber nicht in einem luftleeren Raum stattfinden, gesellschaftliche, ethische und rechtliche Implikationen verlangen nach Antworten. So wird auch die Frage bedeutsam sein, ob die favorisierte Alternative zum leiblichen Kind im eigenen Land legal ist oder nicht. Diese Gegebenheit beeinflusst die Wunscheltern, das soziale Umfeld und perspektivisch vielleicht das Kind. Zentral ist die Vorbereitung darauf, gewissermaßen eine *öffentliche Familie* zu sein. Denn immer wenn Dritte an der Familienbildung beteiligt sind, gehört das Dritte systemisch gesehen dazu. Und dies bedeutet, das Kind frühzeitig aufzuklären und gleichzeitig seine Privatsphäre und die der Familie zu schützen. Nicht jede neugierige Nachfrage des sozialen Umfelds muss zu jedem Zeitpunkt beantwortet werden. Diese Abgrenzung ist ein Zusatzauftrag, für den eine Portion Selbstbewusstsein hilfreich sein wird – letztlich eine Übungssache. Am Ende eines solchen Reflexionsprozesses kann sich dann die Gewissheit entwickeln, ein sinnerfülltes Leben ohne Kind aktiv zu gestalten. Viele ungewollt kinderlose Menschen haben diesen Weg beschritten. Sie können ihrem Leben schließlich viel Positives abgewinnen. Das Wunschkind begleitet durch das Leben, taucht in der Vorstellungswelt zu familiären Anlässen wieder auf, bei der Heirat des Neffen, wenn die langjährige Freundin Oma wird, am Lebensende beim Verfassen des Testaments … All dies sind Situationen, in der ungewollt kinderlos gebliebene Menschen daran erinnert werden können, dass sich da eine bedeutende Sehnsucht in ihrem Leben nicht erfüllt hat. Dies kann erneut Trauer auslösen. Doch der Schmerz wandelt sich, trifft dann nicht mit der gleichen Wucht wie zu Beginn des Weges. Die Trauer ist eben auch einem biografischen Prozess unterzogen, sie wird sich parallel zu der aktiven Neuausrichtung und Hinwendung zu einem Leben ohne leibliches Kind transformieren, in dem aber Kinder durchaus eine Rolle spielen können. Zufriedenheit zu spüren, unabhängig von der Wunscherfüllung im Außen, das ist eine wahrhaft friedvolle Perspektive. Unabhängig zu werden von der Realisierung der eigenen Vorstellungen und Ziele, das Leben so annehmen zu lernen, wie es ist, das ist sicherlich eine der größten Herausforderungen überhaupt. Letztlich liegt hier in diesem Freiwerden von den äußeren Umständen das Potential eines unerfüllten Kinderwunsches und auch der Lernauftrag einer jeden Elternschaft. Es ist systemisch betrachtet das Thema hinter dem Thema.

Vierte Fallgeschichte: Anna & Gülan – Kinderwunsch und Konkurrenz

Anna und Gülan sind beide Anfang dreißig und fast ein Leben lang ein Paar. Die beiden Frauen haben sich bereits in Schulzeiten ineinander verliebt und das Coming-Out gemeinsam bewältigt. Dies war insbesondere für Gülan eine schwierige Erfahrung, da sie aus einer türkischen Familie stammt und bis heute mit Teilen ihrer Familie nicht offen über ihre Beziehung zu einer Frau sprechen kann. Inzwischen lebt das Paar in einer größeren Stadt, in der die beiden Frauen bereits studiert und schließlich den Berufseinstieg als Sozialarbeiterin und Programmiererin gefunden haben. Sie sind begeisterte Volleyballerinnen und eingebunden in eine Trainingsgruppe. Wäre da nur nicht die eine Frage aufgetaucht, auf die es keine gemeinsame

Antwort zu geben scheint und die die US-amerikanische Schriftstellerin und Aktivistin Rebecca Solnit so treffend als »Die Mutter aller Fragen« bezeichnet hat (2020, S. 13). Ungewollt kinderlose Menschen werden ständig mit ihr konfrontiert: »Warum haben Sie keine Kinder?« Die Aufregung ist Anna noch immer anzumerken, als sie von der älteren Dame auf einer Geburtstagsfeier erzählt, die genau auf diese Weise den Finger in die Wunde legte. Vor allem Frauen in ihren Dreißigern kennen dieses nicht immer angemessene Interesse an ihrer Familienplanung nur allzu gut. Es kostet Kraft auf die neugierigen Fragen des sozialen Umfelds mit einer passenden Antwort zu reagieren. »Ich kann es mir selbst nicht erklären«, berichtet Anna. »Ich war nie eine Frau, die schon immer ein Kind bekommen wollte. Mir war es immer wichtig viel Freizeit zu haben, zu reisen … Aber da ging es los!« Anna fängt nun an zu weinen, Gülan sitzt neben ihr und richtet den Blick auf den Boden. Die Atmosphäre ist angespannt und auch ohne Worte zu erahnen: Hier geht es um viel, gefühlt um Alles.

Nun bekommt Gülan die Gelegenheit das Problem, mit dem sie in die Beratung gekommen ist, räumlich zu verorten. Diese Externalisierung bietet den Vorteil, die konkrete Konfliktebene zu verlassen, Luft zu schaffen, spielerisch mit der Ordnung zu beginnen. Es ist immer wieder faszinierend zu erleben, wie schnell Menschen zugänglich für systemische Methoden sind, durch die die inneren Erlebnisse im Außen visualisiert und besprechbar werden. Gülan muss nicht lange nachdenken, als sie erschöpft ihre Wahrnehmung beschreibt: »Es ist eine Mauer zwischen uns!« Diese Metapher bietet nun die Gelegenheit, ihre Gefühle weiter zu erforschen. Wie groß ist sie? Aus welchem Material? Gelingt es ihr noch über diese Mauer zu schauen? Kann sie kleiner werden? Was ist dann anders? Die Möglichkeiten sind vielfältig und das Ziel einer solchen Erkundung so wirkungsvoll, um Unterschiede herzustellen und neue Zusammenhänge zu sehen. »Die Mauer ist aber nur bei diesem Thema da oder?«, fragt Anna schließlich verängstigt und streckt Gülan die Hand aus, die sie sogleich ergreift. Die Atmosphäre ist wieder spürbar friedvoller, sodass Anna nun erzählt, wie der Wunsch nach einer Familie als lesbisches Paar mehr und mehr Formen annahm. Vor gut einem Jahr hätten sie sich dann für eine Fremdsamenspende in einem Kinderwunschzentrum entschieden. Beide Frauen konnten sich inzwischen gut vorstellen schwanger zu werden. Ganz pragmatisch hätten sie dann die Reihenfolge festgelegt. Da Anna mit 33 Jahren bereits zwei Jahre älter als Gülan ist, habe sie begonnen. Doch inzwischen liegen neun donogene Inseminationen im Kinderwunschzentrum hinter ihnen und Anna ist nicht schwanger. Medizinisch sei aber bei ihr alles in Ordnung, versichert sie. Nun schaltet sich Gülan ein und wirkt wütend: »Ich verstehe nicht, warum sie nicht endlich sagen kann … Na gut, bei mir klappt es nicht, dann soll Gülan jetzt erst einmal schwanger werden.«

Heutzutage kann »relativ selbstverständlich« über das Thema Kinderwunsch bei Regenbogenfamilien gesprochen werden (Körner, 2017, S. 62). Allerdings hat diese Offenheit noch nicht zu einer Gleichstellung von Lesben, Schwulen und Trans*personen in Fragen der Familiengründung geführt. Eine finanzielle Unterstützung bei reproduktionsmedizinischen Versuchen durch den Bund gibt es noch nicht. Auch wenn verheiratete gleichgeschlechtliche Paare ein Kind gemeinsam planen, gelten nicht beide automatisch als erziehungsberechtigte Elternteile. Die Ehefrau oder Lebenspartnerin der leiblichen Mutter kann das Kind dann nur im Wege der Stiefkindadoption annehmen. Mutter eines Kindes bleibt juristisch gesehen in Deutschland weiterhin immer nur die Frau, die das Kind geboren hat. Für Kinder, die in heterosexuelle Ehen hineingeboren werden, gilt im Gegensatz dazu als zweiter rechtlicher Elternteil der Ehemann der Mutter – völlig unabhängig von der Tatsache, ob dies biologisch tatsächlich der Fall ist. Eine Reform des Abstammungsrechts ist also nötig, um Kinder in lesbischen und schwulen Ehen gleichzustellen und damit auch abzusichern. Das Private ist politisch. Die Tendenz Familien jenseits der klassischen Norm zu benachteiligen, verdeutlicht einmal mehr den Wahrheitsgehalt dieses Paradigmas. In Zukunft wird es darum gehen, wie selbstbewusst Regenbogenfamilien auftreten können und sichtbar sind, sodass die weitere Dekonstruktion des klassischen Familienbildes nicht mehr aufzuhalten sein wird. Gleichgeschlechtliche Paare spielen hier sicherlich eine Vorreiterrolle, lange hatten sie mit der Fehleinschätzung zu kämpfen, dass es dem Kindeswohl nicht dienlich sei, in dieser Konstellation aufzuwachsen. Dieses Vorurteil ist inzwischen widerlegt, die Studienlage ist eindeutig und hat letztlich erst die »Ehe für Alle« und die Möglichkeit der gemeinsamen Adoption durch Lesben und Schwule ermöglicht (Golombok, 2015). Fakt ist: Kinder mit zwei Müttern oder Vätern profitieren von der Tatsache, dass sie absolute Wunschkinder sind. In Regenbogenfamilien entwickeln sich Kinder genauso gut wie in heterosexuellen Familien, dies auch weil sie aufgeklärt waren. Ähnliches ist für Single-Mütter belegt und auch für die Entwicklung von Kindern nach Eizellspende, vorausgesetzt diese ist in dem betreffenden Land legal (Söderström-Anttila, zit. nach Wischmann, 2008).

Während des sechsmonatigen Beratungsprozesses bot die Beschäftigung mit den jeweiligen Herkunftssystemen die Gelegenheit für Anna und Gülan näher zu erkunden, welche Glaubenssätze für sie bis heute bedeutsam, jedoch für die Weiterentwicklung in ein selbstbestimmtes Leben eher hinderlich sind. Die Visualisierung der Mauer trug im weiteren Verlauf des Prozesses dazu bei, Unterschiede zuzulassen, Grenzen wahrzunehmen und Schutz aufzubauen. Augenscheinlich war nun, dass sowohl Anna als auch Gülan aus autoritären Elternhäusern kamen, die früh eingegangene feste Beziehung dazu diente, sich gegen den familiären Einfluss abzugrenzen. Bindungstheoretisch betrachtet, eröffnete sich für beide nun die Möglichkeit, die Welt zu explorieren und dies auf Grundlage der Paarbeziehung als einer neuen und »sicheren Basis« (Bowlby, zit. nach Johnson, 2020, S. 20). Die Wertschätzung der Verlässlichkeit gemeinsam durch das Leben zu gehen, half schließlich in Kontakt mit dem Inneren Kind zu kommen, das im Fall von Anna verängstigt war und sich bei Gülan erst sehr wütend und schließlich traurig zeigte. Auf diese Weise gelang es die Frage der Familienplanung als einen Schwebezustand wertzuschätzen, der als Grundlage dient, sich in das Neue hinein zu entwickeln. Die Gefühle des Neids und der Konkurrenz auf andere schwangere Frauen als nachvollziehbare Reaktionen anzuerkennen und in einem zweiten Schritt auch als Schutzfaktor zu deklarieren, waren schließlich entscheidende Schritte für Anna, ihre Grenzen früher wahrzunehmen. Die Beschäftigung mit der Frage, welche Auswirkungen es für ihre Beziehung haben wird, wenn sie beide auf Kinder verzichteten, führte dann zu einer neuen Annäherung. Nun konnten sie das Hindernis der Konkurrenz als das begreifen, was es ist: Ein zutiefst menschliches Gefühl, das auch die Chance birgt, Unterschiede in einer Partnerschaft wahrzunehmen und zuzulassen – ein Motor für Weiterentwicklung. Anna bat Gülan schließlich um ihre Zustimmung, noch ein halbes Jahr weiter zu versuchen selbst schwanger zu werden. Gülan akzeptierte die Bitte und beanspruchte auch ihrerseits mehr Freiräume für sich selbst, sie erfüllte sich einen lang gehegten Wunsch und begann Klavier zu spielen. Der konkret verabredete Zeitplan unterstützte die beiden schließlich darin die eigenen Interessen zu vertreten und auch die der Partnerin im Blick zu behalten.

2.6 Kinderwunsch als System

Die Kinderwunschberatung steht Ratsuchenden unabhängig ihrer sexuellen Orientierung und Lebensform offen und richtet sich selbstverständlich auch an alleinstehende Menschen. In der Regel sind dies Frauen mit Kinderwunsch ohne Partner, die ihr Familienmodell als Solo-Mütter inzwischen auch selbstbewusst in der Öffentlichkeit vertreten. Alternative Formen der Familienbildung, sei es durch Pflegschaft, Adoption oder die Möglichkeiten der Gametenspende, haben bei aller Unterschiedlichkeit eine gemeinsame Konstante: Das Faktum des Dritten. Es sind also drei oder auch mehr Personen an der Familiengründung beteiligt. Für eine Solo-Mutter, die sich ihren Kinderwunsch mit einem Samenspender erfüllt, gilt gewissermaßen das Fehlen des faktischen Zweiten, denn die Rolle des sozialen Vaters bleibt unbesetzt. In all diesen Konstellationen wird die frühzeitige Aufklärung des Kindes von großer Bedeutung sein, sodass die Herkunftsgeschichte als selbstverständlicher Teil der Identität in die Biografie integriert werden kann. Wunscheltern für diesen Zusatzauftrag zu sensibilisieren, bedeutet sie auch darauf vorzubereiten ein Stück weit *öffentliche Familie* zu sein. Der kleine Max aus dem Kindergarten wird vielleicht keine Ruhe geben und immer wieder darauf insistieren, dass doch wohl jeder einen Papa hat. Die Freundin der Adoptivtochter will wissen, ob die leiblichen Eltern noch leben. In der Schule geht es um das Thema Eizellspende und die Frage wird diskutiert, ob die Frauen entlohnt werden sollten. Solche Szenarien möglichst konkret durchzuspielen, mit den Wunscheltern über Anforderungen zu sprechen, die perspektivisch auf dem Weg liegen, wird sie dazu anregen, eine selbstbewusste Haltung zu entwickeln. Unkonventionelle Familienformen erfordern ein Austarieren, die Einbeziehung und phasenweise auch die bewusste Abgrenzung zum sozialen Umfeld. Wunscheltern von Anfang an auch angesichts ihrer Zweifel zu begleiten und mitunter auch defizitorientierte Betrachtungsweisen zu wandeln, bedeutet sie auf ihre Aufgaben als *Familien mit dem gewissen Extra* vorzubereiten. Unabhängig von der Konstellation oder sexuellen Geschlechtspräferenz ist es für die Beratungssituation hilfreich, sich die verschiedenen Ebenen des unerfüllten Kinderwunsches bewusst zu machen. Die systemimmanenten Gemeinsamkeiten und typischen Dynamiken der Krise der ungewollten Kinderlosigkeit tragen auf diese Weise dazu bei, den Beratungsprozess losgelöst von den individuellen Zusammenhängen zu ordnen und zu strukturieren. Diese Vorgehensweise ermöglicht es, die Thematik des unerfüllten Kinderwunsches als System zu betrachten, das in seinen zahlreichen ethischen, rechtlichen und gesellschaftlichen Bezügen über die rein individuelle Ebene und die des Paares hinausweist. Eine solche systemische Betrachtungsweise eröffnet einen weiten Spannungsbogen für Lösungen und oszilliert zwischen der Würdigung schwerer Erfahrungen, einer Sensibilisierung für die lebenswerte Ausgestaltung des gegenwärtigen Moments und der Entwicklung einer verantwortungsvollen Haltung für die Zukunft. Auf diese Weise kann das Wunschkind unabhängig von der Faktizität seiner Geburt als Fingerzeig einer tieferen Sehnsucht begriffen und zu Lösungen im eigenen Ermessensspielraum führen. Die Vielschichtigkeit des Beratungsprozesses wird durch den systemorientierten Zugang also geordnet und um wertvolle neue Impulse und Möglichkeiten der Reflexion bereichert. Die Visualisierung der verschiedenen Akteure und Ebenen beim Themenkomplex Kinderwunsch verdeutlicht das folgende Interventionstableau der psychosozialen Kinderwunschberatung (Tabelle 1).

Tabelle 1: Interventionstableau der psychosozialen Kinderwunschberatung unter Hervorhebung eines systemorientierten Zugangs#

Ebene	Intervention*
Individuum	Auftragsklärung und Psychoedukation Wertschätzung für die individuelle Geschichte des unerfüllten Kinderwunsches und die bisherigen Lösungsversuche Das Thema hinter dem Thema: Bedürfnisse und Werte, die mit dem Wunsch nach einem Kind verbunden sind Transgenerationale Perspektive: Beschäftigung mit der eigenen Kindheit und Jugend Ressourcenstärkung sowie Erarbeiten von Coping-Strategien: Steigerung von Selbstfürsorge und Selbstmitgefühl Entlastung schaffen: ggf. Veränderung der beruflichen Situation Lösungen erfinden: Ausloten der Alternativen zu einem leiblichen Kind und Entwicklung eines Plan B Zulassen und Ermöglichen eines Trauerprozesses: Den Abschied vom (leiblichen) Kinderwunsch begleiten Reframing: Kontrollverlust als Entwicklungsthema und Wachstumsprozess Bei alleinstehenden Menschen mit Kinderwunsch das Fehlen einer Paarbeziehung ausloten und ggf. betrauern
Paar	Auftragsklärung und Psychoedukation Zirkuläre Fragen: Die medizinischen Ursachen und die Bedeutung für die Paardynamik erkunden Paar-Ressourcen: Würdigung und ggf. Wiederbelebung Unterschied einführen: *Sex zur Zeugung* und *Sex zur Lust* Abwägungsprozess begleiten: Die alternativen Formen der Familienbildung mit Hilfe Dritter kennenlernen Reframing: Den Kinderwunsch als gemeinsames Drittes und als Weiterentwicklung der Partnerschaft wertschätzen
Wunschkind	Das Wunschkind als Systemmitglied in den Beratungsprozess mit einbeziehen Die Aufträge an das Wunschkind wahrnehmen und ggf. entfrachten Das Recht des angenommenen bzw. geplanten Kindes auf Kenntnis seiner Herkunft thematisieren Die Familienbildung mit Hilfe Dritter enttabuisieren und den Wert des offenen Umgangs mit einer geteilten Elternschaft hervorheben Die Fakten über die unauffällige Entwicklung von Kindern in nicht-konventionellen Familienformen vorstellen (Golombok, 2015)

Tableau modifiziert nach Klenke-Lüders (2019, S. 172).
* Ansätze, die sich besonders gut mit einer systemischen Haltung und Arbeitsweise verbinden lassen, sind hervorgehoben.

Fortsetzung Tabelle 1

Ebene	Intervention*
Genetische Eltern / Soziale Eltern	Eine tragfähige Haltung angesichts der verschiedenen Formen der Familienbildung mit Hilfe Dritter entwickeln Die Kategorie der Planbarkeit im Rahmen einer Gametenspende als substantiellen Unterschied zu einer Adoption oder Pflegschaft besprechen Die Bedeutung der leiblichen Eltern bzw. der Eizellspenderin/des Samenspenders für das künftige Familiensystem würdigen Den Einfluss der sozialen Elternschaft für das Kind hervorheben und das Selbstbewusstsein des genetisch nicht verwandten Elternteils stärken
Soziales Umfeld	Thematisieren möglicher Verletzungen und Erarbeiten tragfähiger Strategien im Umgang mit dem sozialen Umfeld sowie dem Herkunftssystem Reframing von ambivalenten Gefühlen beispielsweise von Neid gegenüber schwangeren Frauen als Schutzfunktion Die künftige Bedeutung eines intakten sozialen Netzwerks insbesondere bei alleinstehenden Frauen mit Kinderwunsch besprechen
Professionelles Helfersystem	Vorstellung der statistischen Erfolgswahrscheinlichkeiten der Reproduktionsmedizin in Abhängigkeit des Alters der Frau sowie des Mannes Auseinandersetzung mit den Erfolgsaussichten der vermeintlich garantierten Machbarkeit durch die Behandlungsmethoden der assistierten Reproduktionstechnik (ART) und der systemimmanenten Dynamik der Kinderwunschspirale Berücksichtigung von traumaspezifischem Wissen und Gewährleistung eines traumasensiblen Umgangs
Gesellschaft	Entlastung der Betroffenen durch Reflexion der strukturell und politisch bedingten Schwierigkeiten von gut ausgebildeten Frauen eine Familie zu gründen Erarbeiten einer belastbaren Haltung angesichts der in Deutschland verbotenen bzw. noch nicht legalisierten Behandlungsmethoden (Eizellspende, Embryonenspende/-adoption, Leihmutterschaft)

Tableau modifiziert nach Klenke-Lüders (2019, S. 172).
* Ansätze, die sich besonders gut mit einer systemischen Haltung und Arbeitsweise verbinden lassen, sind hervorgehoben.

Am Ende

Fazit

Mutter, Vater, Kind! Selbst bei aller heutzutage möglichen und gelebten Heterogenität der Familienformen bleibt dieser Klassiker der bürgerlichen Kleinfamilie weiter der Bewertungsmaßstab einer vermeintlichen Norm. Familie bedeutet auch heutzutage genau diese scheinbar idealtypische Konstellation: Heterosexuelles Elternpaar und zwei leibliche Kinder. Alles was diesem Klischee nicht entspricht, definiert sich also in Abgrenzung zu diesem Paradigma. Frauen und Männer, die in die Kinderwunschberatung kommen, träumen ebenso von jenem Lebensmodell und das, weil es Normalität und gesellschaftliche Teilhabe suggeriert. Hinter ihnen liegen bereits lange Wege und aufgrund ihres häufig bereits fortgeschrittenen Alters wird es fraglich sein, ob sie überhaupt ein Kind, geschweige denn ein weiteres Geschwisterkind bekommen werden. Die Reproduktionsmedizin erweitert nicht nur den Personenkreis der beteiligten Akteurinnen und Akteure bei einer Familienbildung, durch sie wird auch die bürgerliche Kleinfamilie als Norm weiter in Frage gestellt und dekonstruiert. Interessanterweise wird aber die Akzeptanz von Dritten in einer kulturgeschichtlichen Betrachtung über das »Kinder machen« (Bernard, 2014) ohnehin als ein kategorialer Unterschied in der Geschichte der Familienbildung hervorgehoben. Historisch gesehen ließen sich demzufolge drei Phasen unterscheiden:

Historische Phasen der Familienbildung

Erste Phase bis ins späte 18. Jahrhundert
Selbstverständliche Einbeziehung von Dritten in die Pflege und Betreuung der Kinder, wie zum Beispiel im Ammenwesen

Zweite Phase bis Ende des 20. Jahrhunderts
Intimitätsgebot und Aufwachsen der Kinder innerhalb der bürgerlichen Kleinfamilie

Dritte Phase ab Ende des 20. Jahrhunderts
Wiedereinbeziehung von Dritten durch neue Reproduktionsmethoden bei Zeugung und Geburt
(IVF und ICSI, Gametenspende, Leihmutterschaft)

Ein Blick in die Vergangenheit zeigt also: Die Konzentration auf eine Kernfamilie ist ein recht junges Phänomen und hat sich erst langsam gegen Ende des 18. Jahrhunderts entwickelt. Bis ins späte 18. Jahrhundert war es in Europa in allen sozialen Schichten durchaus üblich seinen Nachwuchs von Ammen auf dem Land betreuen und stillen zu lassen. Ein Kontrastprogramm zu den Erziehungsgewohnheiten von Heute, in denen Eltern eher in Verdacht stehen, überfürsorglich wie ein Helikopter um den Nachwuchs zu kreisen als sich zu wenig um die Kinder zu kümmern oder sie gar zu vernachlässigen.

Lebensglück – Eheglück – Elternglück: Dieses Narrativ setzte sich erst mit Beginn der Reformation durch. Für Martin Luther war ein Leben ohne Kinder wie ein Leben ohne Sonne. Er empfahl die Ehe. Im Mittelalter hingegen war das Liebesglück als das Glück in der Partnerschaft definiert, die soziale Elternschaft ebenso wie Patchworkfamilien anerkannte wichtige Formen und Ausdruck einer gelebten Vielfältigkeit (Toepfer, 2020). Ein noch weiterer Blick in die Geschichte zeigt, dass der Familienbegriff durchaus noch unspezifischer gefasst war. In der römischen Antike zählte die gesamte Hausgemeinschaft zu einer Familie, bestehend aus dem männlichen Oberhaupt, dessen Ehefrau, den Kindern, den Sklaven und dem Vieh. Wer zu einer Familie gehört und wer nicht, ist eine Auslegungssache und nicht von Anbeginn der Menschheit auf die genetische Nachkommenschaft beschränkt. Gegenwärtig ist der Familienbegriff wieder einer solchen Revision unterzogen. Dieser Weg führt nicht zwangsläufig zu einer linearen Erweiterung, sondern streckenweise über eine Verengung der Sichtweise. Die Überfrachtung der Mutterrolle als wahre Natur und Bestimmung der Frau im Nationalsozialismus und die gerade in Deutschland betonten Schattenanteile dieses Zerrbildes als Rabenmutter sind die Gemengelage einer solchen Doktrin, die bis heute noch nachwirkt. In einer sehr kurzen Periode der 50er und 60er Jahre setzte sich dann schließlich in den westlichen Gesellschaften Europas und Nordamerikas das Modell der bürgerlichen Kleinfamilie durch, welches unsere Vorstellung einer Familie bis heute prägt. Die Zuspitzung auf diese Norm der bürgerlichen Kleinfamilie wird in der Familienforschung auch als das *Golden Age of Marriage* bezeichnet. Zwei kurze Jahrzehnte in der Geschichte der Menschheit konnten also eine solche ideologische Kraft entwickeln und so einen Familienbegriff der Vielfalt in seinen Grundfesten erschüttern. Vergessen wird dabei, dass es nahezu alle gegenwärtigen Familienformen schon immer gegeben hat (Steinbach, 2017). Geschiedene alleinerziehende Frauen mit ihren Kindern sehen sich bis heute auch aus mangelnder finanzieller Teilhabe an den Rand gedrängt. Homosexuelle Menschen halten aus Angst vor Anfeindungen ihre Sexualität geheim, für sie ist eine Familiengründung auch im 21. Jahrhundert mit größeren Hürden verbunden. Und Menschen mit unerfülltem Kinderwunsch schweigen weiter – ungewollte Kinderlosigkeit und Infertilität werden weiter tabuisiert in der Lebenswelt der Macher und Machbarkeiten. In einem solchen gesellschaftlichen Klima wird deutlich, wie sich die anonymen Formen der Familienbildung mit Hilfe Dritter, sei es durch Adoption, Samen-, bzw. Eizellspende oder Embryonenspende/-adoption, überhaupt erst entwickeln konnten – ohne eine Chance für das Kind jemals über seine Herkunft aufgeklärt zu werden oder gar in Kontakt mit seinen genetischen Eltern oder Halbgeschwistern treten zu können. Es galt und gilt bis heute, die Fassade und Illusion einer *normalen Familie* nicht durch den Kontakt zum Herkunftssystem zu stören. Ein fataler Irrweg, der im Bereich des Adoptionswesens seit langem erkannt und zum Wohle des Kindes revidiert wurde, der aber durch die assistierte Reproduktionsmedizin und die Verfahren der Gametenspende eine Renaissance erlebt. Die Anonymität wird als Mittel der Wahl akzeptiert und zeitweise sogar propagiert: Viele Jahre wurde den Wuscheltern beispielsweise im Rahmen einer Samenspende versichert, dass es für das Kind das Beste sei, den Vorgang zu verschweigen. Ein Familiengeheimnis jedoch hat enorme Sprengkraft, das den Familienalltag unterschwellig prägen kann und die Gefahr birgt, sich jederzeit zu entladen. Die Wahrheit über die persönliche Herkunftsgeschichte erst Jahre später zu erfahren, etwa durch einen Abgleich der Blutgruppen bei einer medizinischen Untersuchung oder aber nicht minder schwerwiegend auf einer Familienfeier durch den Schwips der Tante, kann eine Identitätskrise auslösen und zu einem nicht wiedergutzumachenden Vertrauensbruch im gesamten Familiensystem führen. Angesichts solcher negativen Erfahrungen ist das Wohlergehen des geplanten Kindes mehr und mehr ins Zentrum der Betrachtung gerückt, sodass die gänzlich anonymen Formen der Familienbildung mit Hilfe Dritter kritisch gesehen werden. Menschen, die in solchen Prozessen stecken, profitieren im Vorfeld bei der Abwägung ihrer Planungen und im Nachgang im Zusammenleben mit dem Kind von einer informierten systemischen Kinderwunschberatung. Am Ende des Tages und ganz gewiss auch gleich in der Früh wird das Wunschkind seine Eltern fordern, ihre damalige Entscheidung mit Leben zu füllen.

Literatur

Boivin, J. (2004). Psychosoziale Interventionen bei Kinderwunsch. Ein Review. Gynäkologische Endokrinologie (2), 94–109.

Bernard, B. (2014). Kinder machen. Neue Reproduktionstechnologien und die Ordnung der Familie. Samenspender, Leihmütter, Künstliche Befruchtung. Bonn: Lizenzausgabe für die Bundeszentrale für politische Bildung.

Brotherus, E. (2015). Carpe Fucking Diem. Heidelberg/Berlin: Kehrer.

Deutsches IVF-Register DIR (2018 und 2019) über https://www.deutsches-ivf-register.de/jahrbuch-archiv.php – Zugriffsdatum: 30.04.2021

Golombok, S. (2015). Modern Families. Parents and children in new family forms. Cambridge: Cambridge-University Press.

Hayes, S., Follette, V., Linehan, M. (2004). Mindfulness and acceptance. Expanding the cognitive-behavioral tradition. New York: The Guilford Press.

Hyatt, M. (2012). Ungestillte Sehnsucht: Wenn der Kinderwunsch uns umtreibt (1. Aufl.). Berlin: Ch. Links Verlag.

Jellouschek, H. (2010). Die Paartherapie. Eine praktische Orientierungshilfe (4. Aufl.). Stuttgart: Kreuz.

Johnson, S. (2020). Bindungstheorie in der Praxis: Emotionsfokussierte Therapie mit Einzelnen, Paaren und Familien. Paderborn: Junfermann Verlag.

Klenke-Lüders, B. (2019). Systemische Kinderwunschberatung. Kontext, 50 (2), 163–178.

Knuf, A. (2016). Sei nicht so hart zu dir selbst: Selbstmitgefühl in guten und in miesen Zeiten. München: Kösel.

Körner, C. (2017). Kinderwunschberatung bei Regenbogenfamilien. In T. Wischmann, P. Thorn (Hrsg.), Psychosoziale Kinderwunschberatung – Tagungsband der öffentlichen Fachtagung (S. 62–64). Mörfelden: FamART Verlag.

Lattschar, B., Wiemann, I. (2018). Mädchen und Jungen entdecken ihre Geschichte: Grundlagen und Praxis der Biografiearbeit (5. Aufl.). Weinheim/Basel: Beltz Juventa.

Levine, P. (2014). Sprache ohne Worte: Wie unser Körper Trauma verarbeitet und uns in die innere Balance zurückführt (6. Aufl.). München: Kösel.

Ludewig, K., Wilken, U. (Hrsg.) (2000). Das Familienbrett. Ein Verfahren für die Forschung und Praxis mit Familien und anderen Systemen. Göttingen: Hogrefe.

Luhmann, N. (1987). Soziale Systeme – Grundriß einer allgemeinen Theorie. Frankfurt a. M.: Suhrkamp.

Mayer-Lewis, B. (2017). Evaluation der Kinderwunschberatung – erste Studienergebnisse. In T. Wischmann, P. Thorn (Hrsg.), Psychosoziale Kinderwunschberatung – Tagungsband der öffentlichen Fachtagung. (S. 57–61). Mörfelden: FamART Verlag.

Mayer-Lewis, B., Thorn, P., Schick, M., Wischmann, T. (2018). Mothers to be without a partner – current data on a German-wide documentation on issues raised by single women in fertility counselling. Poster-Präsentation auf dem 34. Kongress der European Society of Human Reproduction and Embryology (ESHRE). Barcelona, Spanien, 01.–04.07.2018.

McGrath, J. J., Petersen, L., Agerbo, E., Mors, O., Mortensen, P. B., Pedersen, C. B. (2014). A comprehensive assessment of parental age and psychiatric disorders. JAMA Psychiatry (71), 301–309.

Schmidt, G. (2020). Einführung in die hypnosystemische Therapie (9. Aufl.). Heidelberg: Carl-Auer Verlag.

Solnit, R. (2020). Die Mutter aller Fragen (1. Aufl.). München: btb.

Stammer, H., Verres, R., Wischmann, T. (2004). Paarberatung- und -therapie bei unerfülltem Kinderwunsch. Göttingen u. a.: Hogrefe.

Steinbach, A. (2017). Mutter, Vater, Kind: Was heißt Familie heute? Aus Politik und Zeitgeschichte, (30–31), 4–8.

Thorn, P. (2014). Familiengründung mit Samenspende. Ein Ratgeber zu psychosozialen und rechtlichen Fragen (2. überarb. und erw. Aufl.). Stuttgart: Kohlhammer.

Toepfer, R. (2020): Kinderlosigkeit: Ersehnte, verweigerte und bereute Elternschaft im Mittelalter. J. B. Metzler: Berlin.

Van der Kolk, B. (2017): Verkörperter Schrecken: Traumaspuren in Gehirn, Geist und Körper und wie man sie heilen kann (4. Aufl.). Lichtenau/Westfalen: Probst.

Wengenroth, M. (2016). Das Leben annehmen. So hilft die Akzeptanz- und Commitment-Therapie (ACT) (3. Aufl.). Bern: Hogrefe.
Wippermann, C. (2014). Kinderlose Frauen und Männer. Ungewollte oder gewollte Kinderlosigkeit im Lebenslauf und Nutzung von Unterstützungsangeboten. Berlin: Publikationsversand der Bundesregierung.
Wippermann, C. (2020). Ungewollte Kinderlosigkeit 2020. Leiden – Hemmungen – Lösungen. Berlin: Publikationsversand der Bundesregierung.
Wischmann, T. (2008). Psychosoziale Entwicklung von IVF-Kindern und ihren Eltern. Journal für Reproduktionsmedizin und Endokrinologie – Journal of Reproductive Medicine and Endocrinology. 5 (6), 329–334.
Wischmann, T. (2010). Macht »Stress« subfertil? Psyche und Mythe in der Reproduktionsmedizin. Gynäkologische Endokrionologie (8), 124–128.
Wischmann, T. (2012). Einführung Reproduktionsmedizin. Medizinische Grundlagen – Psychosomatik – Psychosoziale Aspekte. München: Ernst-Reinhardt.
Wischmann, T., Korge, K., Scherg, H., Strowitzki, T., Verres, R. (2012). A 10-year follow-up study of psychosocial factors affecting couples after infertility treatment. Human Reproduction (27), 3226–3232.
Wischmann, T., Stammer, H. (2017). Der Traum vom eigenen Kind. Psychologische Hilfen bei unerfülltem Kinderwunsch (5. Aufl.). Stuttgart: Kohlhammer.

Nützliche Informationen und Links

Informationen und Beratung bei ungewollter Kinderlosigkeit

Initiative des Bundesfamilienministeriums:
- www.informationsportal-kinderwunsch.de

Informationen der Bundeszentrale für gesundheitliche Aufklärung:
- www.familienplanung.de/kinderwunsch

Mehrsprachige Version:
- www.zanzu.de

Informative internationale Website aus den USA:
- www.resolve.org

Austausch für Männer:
- www.vaterwunschforum.com

Zertifizierte Fachkräfte für Kinderwunschberatung in Deutschland:
- www.bkid.de

Beratungsangebot der Autorin Bettina Klenke-Lüders:
- www.kinderwunschberaterin.de

Kostenfreie Informationen und Broschüren

Informationen des Bundesministeriums für Familien, Senioren, Frauen und Jugend (BMFSFJ)

für ungewollt kinderlose Menschen:
- www.zeitbild.de/wp-content/uploads/2017/01/zeitbild-medical_kinderwunsch_patientinnenmagazin_de.pdf

für ungewollt kinderlose Männer:
- www.bmfsfj.de/bmfsfj/service/publikationen/unerfuellter-kinderwunsch-152970

Ein Kind adoptieren:
- www.bmfsfj.de/bmfsfj/themen/familie/schwangerschaft-und-kinderwunsch/adoption/publikationen-zum-thema-adoption/ein-kind-adoptieren-177918

Aufklärung im Rahmen einer Familienbildung mit Hilfe Dritter:
- www.famart.de/info-material

Interessenvertretungen

Netzwerk für Fertilitätsprotektion:
- www.fertiprotekt.com

Selbsthilfe zum Thema Endometriose:
- www.endometriose-vereinigung.de

Unterstützung für Eltern, die ihr Kind vor, während oder kurz nach der Geburt verloren haben:
- www.initiative-regenbogen.de

Selbsthilfegruppen-Dachverband ungewollt kinderloser Menschen:
- www.wunschkind.de

Kinderwunsch und Regenbogenfamilien – Lesben- und Schwulenverband e. V.:
- www.lsvd.de/de/politik/lebensrealitaeten/regenbogenfamilien-anerkennen

Bundesverband der Pflege- und Adoptivfamilien e. V.:
- www.pfad-bv.de

Familiengründung mit Spendersamen:
- www.di-netz.de

Familien nach Eizellspende und Embryonenspende:
- www.fe-netz.de

Verein von Menschen, die mit einer Gametenspende gezeugt wurden:
- www.spenderkinder.de

Die Autorin

Bettina Klenke-Lüders berät als Kinderwunschberaterin und systemische Familientherapeutin (DGSF) seit vielen Jahren Frauen und Paare in allen Fragen der ungewollten Kinderlosigkeit. Sie ist Diplom-Politologin und hat zuvor für die ARD als Hörfunk-Redakteurin gearbeitet. Zertifiziert ist sie von der Deutschen Gesellschaft  für Kinderwunschberatung (BKiD), auch für die Beratung im Rahmen der Gametenspende. Ihre systemisch ausgerichtete Kinderwunschberatung hat sie in München etabliert, inzwischen lebt sie in Bayreuth und berät dort in eigener Praxis und online bundesweit. Sie ist Mitinitiatorin von ADOPTI:ONLine und coacht Frauen und Paare in allen Phasen des Adoptionsprozesses und im späteren Zusammenleben mit dem Kind. Zum gesamten Themenfeld der ungewollten Kinderlosigkeit und der spezifisch systemisch ausgerichteten Kinderwunschberatung gibt sie Seminare und hält Vorträge.

Weitere Einzelheiten erfahren Sie unter:
www.kinderwunschberaterin.de